MAURICE DE GUÉRIN

Librairie Armand Colin

———

ERNEST ZYROMSKI

Lamartine, poète lyrique. Un volume (Epuisé.)
L'Orgueil humain. Un volume in-18, broché.
Sully Prudhomme. Un volume in-18, broché.
Eugénie de Guérin. Un volume in-18, broché.
Maurice de Guérin. Un volume in-18, broché.

ERNEST ZYROMSKI

Professeur à l'Université d'Aix-Marseille
Correspondant de l'Institut

MAURICE DE GUÉRIN

LIBRAIRIE ARMAND COLIN
103, Boulevard Saint-Michel, PARIS

1921

A MON AMI ACHILLE MESTRE

Voici ce livre que votre amitié ardente et claire a désiré et mené à la vie.

Que de fois dans l'harmonie de votre vallon guérinien — à l'ombre de ce château du Vila, votre Cayla, — nous avons évoqué l'esprit de Maurice et médité sur le délire du Centaure et les élévations de la Bacchante ! Dans votre âme retentissante qui a revécu tout le drame de la sensibilité de Beethoven, la mélopée guérinienne répandait ses vibrations les plus profondes, et vous aimiez à proclamer que l'œuvre de notre Poète mort à 29 ans nous apporte, avec l'expression la plus haute de la tristesse humaine, la plus pathétique des leçons.

Alors j'ai conçu cette étude avec toutes les responsabilités qu'elle impose, car ce livre d'analyse qui décrit le martyre d'une grande âme doit être, pour la jeunesse qui monte, un livre d'exaltation.

La jeunesse, quand elle écoute la voix de ses générosités, est toujours guérinienne. Un guérinisme inconscient la soulève, dans la ferveur de son désir, vers les splendeurs du songe, et elle s'agite dans le conflit de sa mélancolie et de ses enthousiasmes. En lui présentant l'auteur du Centaure comme le symbole de l'adolescence malheureuse et glorieuse, j'ai voulu l'attirer vers la force et la prémunir contre la chimère. Je lui offre mon livre avec confiance, car je m'assure qu'il fortifiera en elle le sens du divin, en lui inspirant le goût de la grandeur dans le respect de la mesure et de la discipline.

E. Z.

CHAPITRE PREMIER

LES FAITS RÉVÉLATEURS DE SOURCES.

Les sources sont les puissances de vie qui émanent des régions profondes. Là, elles coulent dans le mystère et accomplissent un travail secret ; mais elles se déclarent, par des manifestations soudaines, devant les événements importants de la vie.

Ces événements sont révélateurs de sources parce qu'ils montrent les réactions de la personnalité devant les apparitions du destin. Donc, en négligeant les détails qui ne se construisent pas en pensées, nous éviterons les longueurs de la curiosité inutile ; mais, en signalant les faits essentiels de l'existence de Maurice de Guérin, nous serons préparés à définir sa qualité d'âme.

Les révélations de la vie annoncent les tendances de l'œuvre. Les souffrances de l'homme déterminent les inspirations de l'artiste. L'art, c'est la vie méditée, et le monument élevé par le génie est la collaboration de ses douleurs et de ses joies, de sa tristesse et de sa force.

***

Maurice de Guérin, comme Lamartine, a grandi parmi les pasteurs. Il passa les onze premières années de sa vie (1810-1821) au château du Cayla, près d'Andillac, dans le Tarn. Enfance solitaire ! Enfance errante dans une solitude inviolée ! Enfance mêlée au cœur de la terre natale et fondue dans l'âme de son vallon ! Ainsi cet amant de la nature, ce prêtre du culte de Cybèle, ce compagnon de Diane et des Nymphes, ce frère du Centaure et de la Bacchante s'est développé à l'ombre des bois et dans le murmure des sources. Donc il conviendra de définir l'action inspiratrice du paysage familier, l'harmonie virgilienne de son vallon, l'abondance des effets d'horizon sur les coteaux qui ondulent, le silence et la solennité de la forêt de chênes.

Eugénie nous a laissé les aveux les plus touchants sur l'enfance de son frère, — enfance illuminée par les joies de l'aube et visitée par les dieux. « Tout enfant j'aimais à t'entendre. Avec ton parler commença notre causerie. Courant les bois, nous discourions sur les oiseaux, les nids, les fleurs, sur les glands. Nous trouvions tout joli, tout incompréhensible, et nous nous questionnions l'un l'autre. Je te trouvais plus savant que moi, surtout lorsqu'un peu plus tard tu me citais Virgile, ces églogues que j'aimais tant et qui semblaient faites pour tout ce qui était sous nos yeux. » Plus précieuse encore est cette remarque sur les manifestations du génie fraternel, dans les premiers élans de l'imagination vers la beauté du monde. « Maurice était un enfant imaginatif et rêveur. Il passait de longs temps à considérer l'horizon, à se tenir sous les arbres. Il affectionnait singulièrement un amandier sous lequel il se réfugiait aux moindres émotions. Je l'ai vu rester là, debout, des heures entières... Il écoutait longuement les bruits de la nature... Une de ses jouissances, c'était encore d'improviser en plein air... Il y a dans les bois du Cayla, sous un enfoncement, une grotte taillée en forme de chaire, où il montait et qui fut appelée pour cela la chaire de Chrysostome. Maurice avait toujours ses sœurs pour auditoire. »

On aime à suivre Eugénie et Maurice dans ces jeux de l'enfance, parmi les charmes de la vallée. On se plaît à écouter les mutuelles confidences des âmes qui se rapprochent, et on s'assure que cette affirmation de Barbey d'Aurevilly traduit avec exactitude la fidélité des souvenirs fraternels. « C'est dans ces contemplations, dans ces promenades et ces repos, aux bois et dans les plaines, qu'Eugénie étreignit si bien l'âme de son frère que cette âme et la sienne ne perdirent plus la marque de cette vive étreinte. » Le *Journal* d'Eugénie apporte le témoignage de cette fusion merveilleuse. C'est pourquoi, en décrivant l'existence du frère, la pensée de la sœur se lève en nous et se mêle spontanément à notre récit.

****

A onze ans, Maurice est envoyé à Toulouse au petit séminaire de l'Esquile. Taciturne et mélancolique, il écouta la parole de ses guides et suivit leur discipline façonnée par la sagesse des sages. Quel honneur pour ces maîtres d'avoir entrevu et respecté la qualité de cette âme de choix ! Quelle gloire pour ces murs vénérables d'avoir abrité un si beau génie !

Après le séjour pacificateur du collège provincial, l'existence plus agitée du collège parisien. De 1824 à 1829, nous retrouvons Maurice à Stanislas. Trop éloigné des siens et déjà offert à la souffrance, il regrette le vagabondage enivrant dans les sentiers d'Andillac. Sa sensibilité se meurtrit dans l'évocation des beaux souvenirs et il fait entendre dans ses lettres la plainte d'un petit romantique. Mais il écarte vite les attitudes à la mode, la mise en scène de Chateaubriand, le pittoresque illusoire de la mélancolie byronienne. Cet enfant, qui voudrait vivre dans l'amitié des arbres et des fontaines, ressent les premiers ravages de la nostalgie. Son esprit est comme égaré ; et son goût de la nature, obéissant à l'exaltation qu'amène la contrainte, développe ses longues et tenaces racines. Pendant ce temps, Eugénie, qui reçoit l'aveu de ces premiers chagrins, s'inquiète et sa tendresse devient plus ardente.

Dans les souffrances de l'internat toujours odieux aux âmes tendres et justes, il évoquait celle qui avait consolé son enfance et qu'il ne voyait plus. Il aimait à se réconforter au souvenir de sa tendresse et dans l'admiration de ses talents, car Maurice remarqua vite cette grandeur émouvante et secrète qui se retenait sous la grâce de la modestie. Rappelons cette lettre, écrite à 19 ans, le 7 janvier 1829 : c'est le plus délicat hommage à des mérites qui se dérobent et que le frère est heureux de mettre en lumière : « Je pense, ma chère Eugénie, avoir deviné ton âme, et voici l'idée que je m'en fais. Écoute : il est un sentiment qu'on a tourné en ridicule à cause de l'abus qu'on en a fait et parce que beaucoup de personnes qui n'en étaient pas susceptibles ont voulu cependant en faire montre pour se mettre à la mode : ce qui est devenu par là minauderie et affectation. Ce sentiment, c'est la mélancolie. Mais il n'en est pas moins vrai que cette affection de l'âme, quand elle est naturelle, ennoblit le cœur et devient sublime. L'homme, dit Platon, plus rapproché de son créateur, guidait autrefois dans leur cours les sphères célestes et repaissait son âme des concerts de leur harmonie divine ; mais, précipité sur la terre par la jalousie des génies, il n'a plus qu'un souvenir confus de sa grandeur et de son bonheur passés. En admettant cette création brillante de l'Homère des philosophes, qui dans cette fiction sublime approche tant de la vérité, ne dirait-on pas que certaines âmes conservent un souvenir plus vif de la grandeur dont elles sont déchues, et que ce souvenir apporte dans leur cœur une noble et douce tristesse nourrie par les regrets et par les misères présentes de la vie ? A les voir lever les yeux au ciel et prêter une oreille attentive, ne dirait-on pas qu'elles cherchent à saisir quelques sons lointains de l'harmonie divine ? Ces âmes ne voient pas le monde comme le vulgaire et puisent à une autre source de plaisirs. Elles n'aiment pas ces joies bruyantes où le corps a beaucoup plus de part que l'âme ; il leur faut des jouissances toutes spirituelles, mêlées d'un sentiment de tristesse, de même que les anciens rappelaient au milieu de leurs voluptés l'idée de la mort et de la brièveté de la vie. La solitude, le murmure des vents, la contemplation du ciel, voilà ce qui est pour elles une source de délices. Or, s'il est vrai qu'on se peint ordinairement dans ses écrits, tel est le caractère que j'ai cru remarquer dans tes lettres et tels sont les sentiments dont je m'entretiens habituellement. S'il en est ainsi, quelle source de bonheur et de jouissances pour nous deux ! Que de choses n'aurons-nous pas à nous dire ? Oh ! qu'ils seront doux ces épanchements de nos cœurs qui se déchargeront l'un dans l'autre des ennuis, des réflexions, des tristesses qui naissent et meurent avec chaque jour ! »

Confidence émouvante, que la postérité recueille

avec respect ! Le comte Gardès qui a vécu, près du Cayla, à l'ombre des souvenirs guériniens, disait avec cette grâce d'élégance qu'il unissait à la force : « Maurice et Eugénie se sont fait l'un à l'autre, au delà de la tombe, le sublime présent de l'immortalité. »

Le regret de la terre natale et le souvenir des confidences d'Eugénie sous le marronnier bienveillant laissent Maurice dans une longue amertume. Il éprouve de plus en plus le chagrin de l'isolement et il fait part de son trouble dans ses lettres mélancoliques. « Je trouve plus de charme à errer dans un bois qu'à parcourir les rues tumultueuses de Paris, et un sentiment bien plus doux, bien plus sublime s'empare de moi à la vue des pompes de la nature et même de sa majestueuse simplicité, que lorsque je mesure des yeux ces trophées de l'ambition et de la vanité, qui ne m'apprennent autre chose que les efforts qu'ont faits les hommes pour élever leur pauvre gloire un peu au-dessus de la terre. Enfant de la nature, je suis étranger dans ce séjour où tout est le produit de l'art, même les sentiments ; car on dirait que la perfection de la société est la perfection de l'art de se tromper. Mais bientôt je reverrai ma solitude chérie, et ce sera, je l'espère, pour ne plus la quitter. »

Là-bas, dans le silence du vallon que traverse toujours l'ombre fraternelle, le cœur d'Eugénie commence à s'alarmer devant la plainte de cet enfant qui se froisse et déjà se dévore. Elle pressent le mal des transplantations qui fatigue la fragilité des tendres, — des tendres qui ont toujours besoin de la sauvegarde de la tendresse. Alors elle a la force de taire la tristesse de ses pensées, le chagrin de sa solitude, son désir ardent de revoir le frère éloigné, la joie qu'elle aurait de vivre sans cesse avec le frère repris pour toujours. Qu'elles sont touchantes les recommandations de la sœur qui oublie sa souffrance pour donner les conseils de la sagesse ! « Si la campagne a ses agréments, elle a aussi ses misères... Notre part à nous, les sœurs, c'est les caresses ; toi, tu dois agir... Je crains que tu ne te plonges trop souvent dans la rêverie, dans un monde idéal... » Avec la lucidité de l'affection qui s'inquiète, elle signale ce mal de la rêverie qui épuise l'âme guérinienne et consume l'ardeur du désir dans le délire de l'insatiable.

Pourquoi les séjours de Maurice au Cayla ont-ils été si intermittents et toujours traversés ? Pourquoi n'est-il pas revenu et resté au foyer de la tendresse ? Dans l'asile de la terre natale, il aurait déployé l'abondance de ses beaux dons en évitant les fièvres qui menacent toujours une sensibilité trop ardente. Mais sa famille était pauvre et devait soutenir le prestige déclinant d'un grand nom. Le descendant des Guérin, le petit-fils de ces Guarini italiens qui avaient donné, disait-on, d'illustres compagnons aux doges de Venise et des cardinaux à l'Église Romaine, connut vite le chagrin des soucis matériels et la nécessité des combats. Donc, en 1830, il fut envoyé à Paris, à la Faculté de Droit, pour la conquête des diplômes, dans une atmosphère d'orage. De plus en plus, et malgré l'enivrement de la jeunesse dressée vers l'avenir dans les élans de l'ambition, il regrettera la paix de son Cayla. Poussé par l'inquiétude qui tourmente le cœur du déraciné, il cherchait la solitude et le silence, car son âme anxieuse se donnait aux délectations du songe.

Le tumulte de Paris étonnait l'esprit encore incertain de Maurice. Il sentit qu'il fallait trouver, pour l'épanouissement de sa pensée, un cadre plus harmonieux et une direction plus énergique. Les âmes fortes comprennent, même dans l'égarement de l'adolescence qui confond si souvent la liberté et l'indiscipline, la nécessité de ces redressements. Ce cadre pacificateur et cette maîtrise si désirée, il les trouva dans la terre bretonne, auprès de Lamennais, du puissant et secrètement tendre Lamennais, qui avait fondé une sorte d'École Normale, au milieu des grands bois de La Chênaie, aux environs de Dinan. Là, de décembre 1832 à septembre 1833, Maurice vécut neuf mois, les mois les plus pleins de sa vie, dans les joies de l'amitié, de la méditation et de la prière. Son génie se fortifia sous la parole d'un maître qui fut un grand maître, puisqu'il éleva dans la grandeur et dans la lumière l'esprit de ses disciples enivrés. La tendresse d'âme d'un abbé Gerbet, les élévations lyriques d'un Lacordaire, les générosités enflammées d'un Montalembert, tout le guérinisme de Guérin ont trouvé, sous les ombrages de la forêt bretonne, dans le souffle inspirateur d'un cœur magnanime, les plus beaux motifs d'exaltation.

La Bretagne enrichit sa sensibilité en renouvelant sa puissance d'émerveillement. En Bretagne, il vit l'Océan, et il accueillit dans son âme avide la grande émotion de la mer. Car la mer est un désert, un désert mouvant, un désert en tumulte, un désert qui retentit d'un chant de sérénité ou d'un bruit d'apocalypse. La mer est solennelle, comme l'espace illimité, comme la solitude indéfinie, comme tout ce qui échappe à la prise de la pensée. La mer est accablante, avec son agitation sans fin, la monotonie de son murmure et l'obsession de son horizon insondable. La mer, c'est le mirage toujours fuyant et inaccessible. Combien la montagne, avec son air robuste et la certitude de son immobilité silencieuse, est plus maternelle ! Donc Maurice, Maurice le terrien, l'enfant charmé par les coteaux modérés de son Cayla, est placé soudain devant la mer. Qui nous dira les méditations guériniennes devant ce mouvement qui n'aboutit jamais au repos, dans le bruit d'une force éternelle qui se dévore éternellement et ne s'épuise jamais ? Son sentiment de la nature, déjà profond, va éclater en un magnifique épanouissement où la mélancolie se mêle à l'ivresse. C'est pourquoi la mer apparaîtra comme un élément essentiel dans le paysage traversé par le délire de la Bacchante et le déchaînement du Centaure.

La Bretagne, qui avait offert un asile si propice aux rayonnements de la jeunesse, apporta un nouveau motif d'approfondissement. Quand l'orage éclata sur l'École de La Chênaie, quand Lamennais, condamné par la cour Romaine, se replia dans le silence, l'adolescent désemparé connut la détresse de l'incertitude. Il quitta ces beaux lieux où il avait entendu la voix de la puissance, et il passa quelques mois, dans le voisinage des flots et le recueillement de la lande, au Val de l'Arguenon, auprès d'Hippolyte de la Morvonnais. La femme de son ami avait une âme tendre et profonde, chargée de langueur et frémissante de soudaines dilatations. Maurice éprouva pour elle le charme et l'angoisse d'un amour qui sut rester dans le mystère. Exaltation enivrante d'un enthousiasme secret ! Le mot de passion est trop brutal pour désigner la plus respectueuse des tendresses. Le mot de culte est nécessaire pour traduire ce mélange d'ardeur et de pureté. C'est la religion de l'âme qui déploie la noblesse de ses aspirations dans la *Vita Nuova* de Dante, les sonnets de Pétrarque, les poèmes de Michel-Ange.

La mort foudroyante de Marie de la Morvonnais

à 26 ans, — janvier 1835, — vint apporter à l'esprit de Maurice la lumière des grandes révélations. Il entendit d'abord au fond de lui-même la plainte qui sort de la solitude infinie d'un cœur dévasté. Puis il médita sur cette mort, et sa méditation l'éleva à des pensées si hautes que l'inspiration éclata soudain en des pages d'une splendeur incomparable. Donc la mort de Marie fut pour Maurice de Guérin ce que la mort de Julie fut pour Lamartine : elle détermina l'éclosion du génie dans l'explosion de la douleur. Les fonds de la mer cachés sous les flots apparaissent soudain dans le tumulte de la tempête. Ainsi, dans l'orage du cœur, l'âme découvre ses énergies secrètes et longtemps amassées dans le silence. Un poète contemporain, que le chagrin a meurtri et renouvelé, a dit : « C'est d'un sein déchiré que les moissons renaissent ».

On peut voir, par les Lettres d'Eugénie, que ce séjour en Bretagne fut, pour la vie morale de Maurice, particulièrement fécond en joies et en inquiétudes. Car les espérances et les troubles et les tendresses du frère retentissaient, au cœur du vallon, en échos triomphants ou douloureux. La sœur revécut le charme des heures heureuses et l'exaltation des heures illuminées par l'espoir. Elle aima cette Marie de la Morvonnais si tendre et compatissante. Elle déplora sa mort prématurée qui ravagea le foyer amical. D'autre part, quelle angoisse quand elle apprend que la foi du frère a tremblé ! Quelle ferveur de prière et quelle attente effrayée quand elle entend le bruit de la révolte mennaisienne ! Et qu'elle est émouvante, cette âme de sœur qui s'épouvante et supplie et se désespère devant les aveux incertains du frère qui s'égare ou devant son silence plus tragique encore que ses aveux ! Le *Journal* retentit de la plainte de sa tendresse alarmée.

***

A la fin de 1835, après quelques mois passés au Cayla, dans le charme des fraîcheurs apportées par les confidences du paysage, Maurice s'agite encore, au tumulte de Paris, dans l'âpreté des combats. Après le labeur de la retraite studieuse, voici la besogne rude et stérile de l'existence quotidienne, et le choc sanglant de la Vie et de l'Ame. Après l'éclosion du génie dans l'asile de la solitude et de la tendresse, voici les heures moroses de la fatigue et l'usure imposée par la contrainte.

Car, pour vivre, Maurice dut comprimer la voix de son génie naissant. Il imposa silence à son ambition. Avec le courage de la force, il fit les exercices et les gestes obligatoires. Il prépara les examens universitaires et il connut à Paris la vie sombre et pressée du professeur errant. Puis, cherchant une existence moins vagabonde, il revint au collège Stanislas pour surveiller la jeunesse qui est toujours indocile. Mais cette âme, qui avait goûté les ivresses du génie sur les sommets de la pensée, s'épuisa vite dans le froissement et dans la tristesse. Dans son cœur ouvert à tous les retentissements de la sensibilité, les résonances du chagrin étaient inépuisables. Donc seul, affreusement seul, il fut très malheureux. Évoquons, pour écouter sa plainte, ce jeune homme paré de dons magnifiques et plié aux exercices de l'agrégation dans une salle d'étude sans cesse traversée par les gestes de la malice. Qu'il est attristant le spectacle de cette noblesse infortunée et de ces forces perdues ! Pourquoi assistons-nous, avec une résignation si facile, à tant de déchets et à tant de naufrages ?

« Je souffre de grands dommages dans les soucis matériels : mon fleuve se perd dans les sables. »

« Je n'ai presque pas de réserves dans cette immense usurpation de la subsistance journalière sur le temps de ma pensée, et je prévois que, dans ma vie, il me faudra toujours jeter de cette divine proie à la cruelle nécessité. »

« Ma liberté se lève dans la nuit. »

Les plaintes de Maurice qui mêle toujours à ses soucis trop visibles les aveux de ses secrètes douleurs soulèvent les craintes d'Eugénie, et la sœur se répand en alarmes : « Écris-moi, parle, explique-toi, fais-toi voir : que je sache ce que tu souffres et ce qui te fait souffrir... » — « Il me semble voir en toi je ne sais quoi qui t'empoisonne, te maigrit, te tuera, si Dieu ne t'en délivre. » — « J'ai de tristes pressentiments. » — « Que Dieu te donne une bonne nuit ! Je ne m'endors jamais sans m'occuper de ton sommeil. » Les inquiétudes d'Eugénie s'achèvent toujours dans un geste de tendresse : la mère vient consoler la souffrance de son enfant.

*
* *

Le corps de Maurice était trop fragile pour supporter les ébranlements d'une âme toujours déchirée. Malheur à ceux qui n'apportent pas aux souffrances de l'âme l'appui d'une force intacte qui permet les rebondissements ! Notre poète ne résista pas à cette vie chargée de désillusions. Pourtant il eut le courage, dans les heures si brèves qu'il arrachait à la souffrance, d'écrire la *Bacchante* et le *Centaure* ; mais, dans ce cri de joie d'un esprit qui se déploie enfin dans la liberté, nous entendons un accent de plainte. Qu'il est facile d'expliquer l'amertume qui traverse l'élan de cette ivresse et de comprendre le murmure de mélancolie qui accompagne en sourdine ce chant de triomphe !

Pendant ce temps, le chagrin du frère retentit là-bas, dans le cœur d'Eugénie, en échos de plus en plus douloureux qui soulèvent enfin les gémissements. Le malheur qui menace est pressenti, et la sœur voit errer un fantôme dans les sentiers du vallon mélancolique. Lorsqu'elle apprend que Maurice est malade, lorsqu'elle croit entendre la voix de Maurice, la voix rauque de Maurice, cette voix des phtisiques qui ressemble à une plainte à la fois stridente et sourde, elle nous dit son effroi et les hallucinations de ses nuits de cauchemar. « Cette toux me frappe comme un marteau. Quelles transes sous mes rideaux ! Quels rêves noirs ! La moindre alarme me mène à la mort et toute la nuit j'ai vu un cercueil, un réel cercueil. » — « Il tousse ! il tousse encore ! Ces mots retentissent partout depuis ; une pensée désolante me poursuit, passe et repasse dedans, dehors et va tomber sur un cimetière. Je ne puis voir une feuille verte sans penser qu'elle tombera bientôt et qu'alors les poitrinaires meurent ! »

Nous sommes en 1836. A partir de ce moment, la vie du malade se précipite dans le déclin, à travers les intermittences tragiques de la confiance et du désespoir. Pourtant il vit se pencher sur son cœur douloureux la tendresse d'un cœur passionné. Il aima l'orageuse et compatissante Marie de Maistre qu'il appelait, dans l'ivresse de sa gratitude, la reine des enchantements. Certaines lettres récemment publiées par Abel Lefranc nous introduisent dans l'ombre du mystère. Qu'ils sont graves les accents de cette âme qui tremble devant la solennité de l'Amour ! « Ma vie qui n'avait pas de valeur s'est augmentée d'un grand prix ; par vous le plomb vil s'est changé en or. Je suis le dépositaire attentif de ce qui t'appartient ; je vivrai bien loin de toi, ma bien-aimée, mais qu'y aura-t-il qui puisse me faire sortir de la présence de ton amour ? N'entendrai-je pas toujours la douce voix de tes sollicitudes ? Ne serai-je pas toujours suivi de tes prières si émues, et cesserai-je jamais de voir les alarmes de tes regards ? O la plus attendrissante des femmes, tu as attaché à mon cœur des causes impérissables d'attendrissement. Comment pourrais-je sortir de ton empire ? A la simple approche d'un souvenir, je serais vaincu jusqu'aux larmes. » — « Je vous laisse dans votre solitude ; que l'image de votre ami vous demeure, non point tel que vous le voyez aujourd'hui, si morne et si abattu qu'un enfant de cinq ans en a pris de l'étonnement, mais animé de ce contentement qui éclaire son visage lorsqu'il vous parle seul à seul et que ses pensées suivent sans alarmes leur cours qui va se perdre en vous. » — « Mon amie, je ne vous aimerai assez que dans ma douleur ; ma douleur seule, lorsque je vous aurai perdue, prendra des degrés moins éloignés de vous. Ici ma vie est sous la tendresse de votre sollicitude ; vous êtes ma gardienne, je ne puis sortir de l'étendue de votre surveillance ; partout elle me suit, m'éclaire et me préserve. » Ces aveux, où l'attendrissement s'exprime avec gravité, sont précieux ; et il convenait de les recueillir, car la manière dont nous aimons révèle la qualité de notre âme.

Mais les ébranlements de la passion ne pouvaient contribuer à guérir sa faiblesse. Il comprit trop tard qu'il pourrait trouver, dans l'asile de son Cayla, le repos réparateur et les joies bienfaisantes. Des amis songèrent à lui assurer ce calme et ce bienfait. Le 15 novembre 1838, il épousa une jeune Indienne de Batavia, Catherine de Gervain, enfant claire et vive et prête au bonheur. Mais, dans ses Lettres, Maurice nous déclare qu'il ne fut pas heureux. Peut-être continua-t-il à subir le charme de l'enchanteresse. Peut-être sa jeune femme eût-elle préféré à cette grandeur mystérieuse l'éclat d'une existence mondaine ; mais entre Eugénie et Maurice, dans une région intellectuelle qui lui sembla trop ardente, elle dut s'étonner et ne put que souffrir. A coup sûr, tant de sublime ne convenait pas à son âme charmante et légère de petite Indienne. Eugénie s'en aperçut vite, et, dans le silence des heures les plus noires, elle confia sa douleur à son *Journal* qui ne garda pas son secret.

Ces dilatations et ces resserrements d'une vie toujours agitée, ces accablements et ces délires devaient aboutir à un état maladif de langueur et d'exaltation, à cet état insoutenable où la langueur déchaîne les fièvres de l'exaltation, où l'exaltation s'achève dans la mélancolie des langueurs. Avec la terrible lucidité de ceux qui entendent l'appel de la mort, Maurice sent la profondeur de sa blessure. Il se voit mutilé par le mal implacable. Il se juge dévasté par la fatalité du chagrin. Contemplons cet adolescent qui demeure clairvoyant devant son génie en ruines d'où émanent encore de magnifiques lueurs. Un jour, dans une lettre à Barbey d'Aurevilly, avec l'accent d'une voix qui sort de l'ombre envahissante, il fait le suprême aveu de sa puissance et de sa mutilation. Qu'il est pénétrant ce lyrisme d'une grandeur qui se sait grande et qui va mourir ! C'est une méditation poétique qui signale en traits de sang les motifs d'une sonate de Beethoven, — une méditation lyrique où chante le conflit du désir et de la déception, — une méditation tragique, à la fois soulevée par le vent de la Vie et traversée par le souffle de la Mort qui ravira demain tant de grandeur et tant de beauté.

« Hier, accès de fièvre dans les formes ; aujourd'hui, faiblesse, atonie, épuisement. On vient d'ouvrir les fenêtres ; le ciel est pur et le soleil magnifique. Ah ! que ne suis-je assis à l'ombre des forêts ! Vous rirez de cette exclamation, puisqu'on ne voit pas encore aux arbres les plus précoces ces premiers boutons que Bernardin de Saint-Pierre appelle des gouttes de verdure. Mais peut-être qu'au sein des forêts, dans la saison où la vie remonte à l'extrémité des rameaux, je recevrais quelque bienfait et que j'aurais ma part dans l'abondance de la fécondité et de la chaleur.

« Je reviens, comme vous voyez, à mes anciennes

imaginations sur les choses naturelles, invincible tendance de ma pensée, sorte de passion qui me donne des enthousiasmes, des pleurs, des éclairs de joie, et un éternel aliment de songerie.

« Il y a un mot qui est le Dieu de mon imagination, le tyran qui la fascine, l'attire, lui donne un travail sans relâche et l'entraînera je ne sais où : c'est le mot de *vie*. Mon amour des choses naturelles ne va pas au détail ni aux recherches analytiques et opiniâtres de la science, mais à l'universalité de ce qui est, à la manière orientale. Si je ne craignais de sortir de ma paresse et de passer pour fou, j'écrirais des rêveries à tenir en admiration toute l'Allemagne, et la France en assoupissement.

« J'ai le cœur si plein, l'imagination si inquiète, qu'il faut que je cherche quelque consolation en m'abandonnant à vous. Je déborde de larmes, moi qui souffre si singulièrement des larmes des autres. Un trouble mêlé de douleur et de charmes s'est emparé de toute mon âme.

« L'avenir plein de ténèbres où je vais entrer, le présent qui me comble de biens et de maux, mon étrange cœur, d'incroyables combats, des épanchements d'affection à entraîner avec soi l'âme et la vie et tout ce que je puis être ; la beauté du jour, la puissance de l'air et du soleil, *all*, tout ce qui peut rendre éperdue une faible créature me remplit et m'environne. Vraiment je ne sais pas en quoi j'éclaterais s'il survenait en ce moment une musique comme celle de la *Pastorale*.

« Il y a pour moi tel moment où il me semble qu'il ne faudrait que la toucher du doigt le plus léger pour que mon existence se dissipât. La présence du bonheur me trouble, et je souffre même d'un certain froid que je ressens ; mais je n'ai pas fait deux pas au dehors que l'agitation me prend, un regret infini, une ivresse de souvenirs, des récapitulations qui exaltent tout le passé et qui sont plus riches que la présence même du bonheur ; enfin ce qui est, à ce qu'il semble, une loi de ma nature : toutes choses mieux ressenties que senties.

« Demain vous verrez chez vous quelqu'un de fort maussade et en proie au froid le plus cruel. Ce sera le fol de ce soir. *Caddi come corpo morto cade.* Adieu : la soirée est admirable. Que la nuit qui s'apprête vous comble de sa beauté ! »

Il est émouvant cet élan d'un malade vers toutes les joies du monde ! Il est poignant ce cri d'un mourant dans l'embrassement des beautés qui semblent l'envahir et qui l'abandonnent ! C'est la révolte suprême de la puissance envahie par la fatigue. C'est l'éclair qui étincelle et qui précède l'orage où soudain va sombrer cet opulent coucher de soleil.

Maurice était trop meurtri pour se ressaisir et se redresser. Il continua à souffrir dans le trouble de son corps languissant et à plier sous les ardeurs de l'insatiable. Avant de mourir, il refit une dernière fois le voyage vers la terre natale. Il put revoir les sentiers où il écoutait, dans son enfance, le retentissement de ses pas. Il retrouva les peupliers qui frissonnent sur le silence de la prairie, le marronnier dont l'ombre était si accueillante, le chêne qui protège la source du Téoulé, et la paix du bois de Septfonds et l'air d'attente de la grotte inspiratrice. Qu'elles furent douces et tristes, les dernières courses du malade à travers les beautés et les harmonies de son vallon ! Quel long regard attendri et mélancolique sur le paysage amical encore illuminé par le souvenir de ses songes ! Et quelle angoisse devant ces douceurs qui se voilent et ces images assombries par la menace de la mort !

Huit mois après son mariage, quelques jours après son retour au Cayla, le 18 juillet 1839, Maurice mourut, à 29 ans, en priant le Dieu d'Eugénie, — et son corps, qui avait tant aimé la beauté du monde, fut déposé dans le petit cimetière d'Andillac, à l'ombre des cyprès tranquilles et tutélaires.

Les révélations de la vie annoncent les tendances de l'œuvre. Les souffrances de l'homme déterminent les inspirations de l'artiste. Le monument élevé par le génie est la collaboration de ses douleurs et de ses joies, de sa tristesse et de sa force.

Les événements de la vie nous ont montré une

sensibilité tourmentée, une intelligence anxieuse, une volonté toujours troublée par les alarmes. L'œuvre qui traduira cette vie sera mélancolique, pliée à la plainte, et pourtant ardente et soulevée d'élans vainqueurs vers la puissance et vers le sublime.

Il écrira un *Journal* intime, le plus sincère et le plus déchiré des journaux intimes, — soliloque émouvant où s'expriment les mélancolies et les allégresses de la grandeur, — méditation d'un penseur qui gravit les plus hautes cimes, — chant d'un poète qui est le plus attendri des élégiaques, — confidence d'un grand romantique, qui n'étale pas avec orgueil les somptuosités de son romantisme, mais qui mourra, en pleine jeunesse, de son romantisme même, je veux dire de sa sensibilité aux ardeurs indisciplinées et de son imagination aux curiosités insatiables.

Il écrira la plus belle des élévations religieuses, cette complainte sur Marie de la Morvonnais qu'il aima comme Dante aima Béatrice, avec la ferveur d'une passion immatérielle et brûlante. Enveloppé par les ombres de la Mort d'où jaillissent tous les secrets, il s'écarte dans les sentiers du mystère pour monter vers l'âme de la défunte, et il assiste à la vie merveilleuse qu'engendre la force informatrice de la douleur, à la splendeur des évocations que suscite la vision de l'au-delà, à ces révélations qui luisent dans les ténèbres, quand l'esprit dérobé aux amertumes de ce qui passe s'unit aux idées essentielles qui dirigent le monde et participent à la divinité de Dieu.

Il écrira le *Centaure*, un poème en prose où retentit, sur un verbe d'airain, l'accent des choses éternelles. Poème obscur et chargé de sens, qui développe en profondeur des sentiments inépuisables puisqu'ils expriment les aspirations de la sensibilité et de la pensée guériniennes.

Il écrira la *Bacchante* où il instaure, avec l'autorité des gestes créateurs et des magnificences platoniciennes, l'originalité d'un symbole nouveau, puisqu'il fait servir le plus emporté des songes antiques à l'apologie de la mesure, de l'adaptation, de l'ascension lente et sûre vers les sommets qui semblent inabordables. Ainsi cette âme ardente et inassouvie comprend enfin la nécessité d'unir la fougue de Bacchus à la sérénité d'Apollon et d'inscrire le mythe de l'ordre dans le mythe du déchaînement.

Car cette âme, si enivrée par la beauté de la vie, se savait surveillée par la fatigue et arrêtée déjà par les menaces de la mort. Elle sentait qu'elle apportait au monde un désir surhumain, un sensibilité ravagée par la fièvre de l'Infini, une volonté déchirée par toutes les formes du pathétique.

C'est pourquoi son œuvre, qui est l'expression d'un mal si glorieux mais si redoutable, est la recherche et la révélation du remède souverain. Cette nostalgie obstinée sera décrite dans le *Journal*.

Ce combat de l'agitation et du calme sera mis en scène dans le *Centaure*, et la *Bacchante* apportera l'apaisement de ce trouble et la solution de ce conflit.

Pourquoi faut-il qu'une mort si prématurée ait arrêté ces manifestations de puissance et anéanti tant de magnifiques espoirs [1] ?

1. Indiquons ici les textes et les ouvrages de critique qui permettront au lecteur de prolonger notre étude et de contrôler nos affirmations.

I. ÉDITIONS. — Le manuscrit original du *Journal*, du *Centaure* et de la *Bacchante* semble à jamais perdu.

— M. de Guérin : *Journal, Lettres et Poèmes.* Édition Trébutien, Paris, Victor Lecoffre. — Le texte du Journal a été publié pour la première fois, en 1861, par Trébutien dans les *Reliquiæ de Maurice de Guérin.* 2 vol., Paris, Didier.

— *Les Plus belles pages* de Maurice de Guérin, avec une notice de Remy de Gourmont. Paris, Mercure de France, 1909.

— *Le Centaure*, notice de Rémy de Gourmont. 1900.

— *Le Centaure* suivi de la *Bacchante* et précédé d'une notice par Edmond Pilon. Paris, Sansot, 1909.

— *Le Cahier Vert. Journal intime.* Édition revue sur les manuscrits de Trébutien et publiée avec des notes et des éclaircissements par Ad. Van Bever. Paris, Georges Crès, 1921. — On trouvera, dans cette édition, une description des copies de Trébutien.

II. LES INÉDITS DE MAURICE DE GUÉRIN RÉCEMMENT PUBLIÉS. — *Lettres de Maurice de Guérin à Barbey d'Aurevilly.* Paris, Sansot, 1908. Ce volume, publié grâce à l'obligeance de Mlle Read, est précédé de l'étude de Barbey d'Aurevilly sur Maurice.

Lettres inédites 1831-1838. Publiées par l'abbé Barthès dans le *Correspondant*, 10 juillet 1910.

Pages sans titre. Trouvées dans les Archives de M. de la Blanchardière, petit-fils d'Hippolyte de la Morvonnais, et publiées par Anatole Le Braz. Revue de Paris, 1er août 1910.

Quelques lettres inédites de Maurice de Guérin publiées par Marc Gillet. Lyon, 1900.

Des lettres et des fragments ont été donnés par Abel Lefranc dans son livre : *Maurice de Guérin, d'après des documents inédits*. Paris, Honoré Champion, 1910.

Nous lisons, à la page 30 du livre de Lefranc : « D'autres trésors restent assurément cachés : l'énorme cahier des *Miscellanées* et celui qui renfermait des *Paysages* dont parle Barbey en 1853 ; il doit subsister quelque part une réunion de ces projets, essais, canevas, que Guérin affectionnait de rédiger sur de petits papiers, à la manière d'André Chénier, dont certains traits le rapprochent si naturellement ». Qui nous apportera le cahier des *Miscellanées*, — le recueil de *Paysages* dont parle Barbey, — les poèmes conçus sans doute dans la manière du *Centaure* et de *la Bacchante*, dont nous entretient François du Breil de Marzan, l'ami de Maurice ?

III. Ouvrages relatifs a Maurice de Guérin. — Eugénie de Guérin : *Les Lettres*, *Le Journal*, et un *Cahier inédit du Journal* publié par le comte de Colleville dans le Mercure de France, 16 février 1911.

François du Breil de Marzan. *Souvenirs et impressions de la vie de M. de Guérin*. Caen, Domin, 1861.

Lamartine. *Entretiens de Littérature* (avril-juin 1863).

Barbey d'Aurevilly. *Lettres à Trébutien*. Paris, Blaizot, 1908. — *Premier Memorandum*, 1836-1838. Paris, Lemerre, 1900. — *Deuxième Memorandum*, 1838. Paris, Stock, 1906. — *Amaïdée*, roman publié par P. Bourget. Paris, Lemerre, 1890.

— E. de Robillard de Beaurepaire. *Notice sur Trébutien*. Caen, 1862.

— Edmond Pilon. *Portraits français*. 1904.

— R. Canat. *Du sentiment de la solitude morale chez les romantiques et les parnassiens*. Paris, Hachette, 1904.

— A. Roussel. *La Mennais d'après des documents inédits*. 2 vol. Rennes, Caillère, 1892.

— Ernest Seillière. *Eugénie de Guérin et Barbey d'Aurevilly*. Revue des Deux-Mondes, 15 novembre 1909.

— Abbé Fleury. *H. de la Morvonnais*. Paris, Champion, 1911.

— E. Grelé. *J. Barbey d'Aurevilly*. 2 vol. Caen, 1904.

— G. Maze-Sencier : *Eugénie de Guérin*. Revue Hebdomadaire, 1912.

IV. Études critiques sur l'œuvre de Maurice de Guérin. — George Sand : Article de la *Revue des Deux-Mondes*, 15 mai 1840.

— Sainte-Beuve : *Lundis* XII, XV. — *Nouveaux Lundis* III, IX, XII.

— H. de la Morvonnais : Article de l'*Université Catholique*, 1841.

— Camille Selden. *Eugénie et Maurice de Guérin*. Revue Nationale, 1862.

— A. Claveau. Revue Contemporaine, 1863.

— A. de Pontmartin. *Dernières Semaines littéraires,* 1864.

— Scherer. *Maurice de Guérin ou le Mélancolique,* dans les Nouvelles études sur la Littérature contemporaine, 1865.

— G. Merlet. *Portraits d'hier et d'aujourd'hui.* Tome II, 1865.

— Montégut. *Nos morts contemporains.* Tome II, 1884.

— O. Barbano. *Leopardi et Maurice de Guérin.* Turin, 1905.

— Maurice Pujo. *M. de Guérin,* dans l'*Art et la Vie.* 1893. — Cette étude a été reproduite et complétée dans le *Règne de la Grâce.* Alcan, 1894. — Deux nouveaux articles dans l'*Action Française* : 5 août 1910 et 27 juillet 1912.

— Joachim Merlant. *Sénancour.* Paris, Fischbacher, 1907.

— H. Roujon. Figaro, 5 décembre 1908.

— H. Clouard. Mercure de France. 1ᵉʳ janvier 1909. — *Les Disciplines.* Paris, Rivière, 1913.

— Abel Lefranc. *Maurice de Guérin d'après des documents inédits.* 317 pages. Paris, H. Champion, 1910.

— Max Egger. *Maurice de Guérin.* Revue Hebdomadaire, 6 août 1910.

— Nozière. *Un Anniversaire.* Le Temps, 5 août 1910.

— Max Egger. *Maurice de Guérin. Les origines de sa renommée littéraire.* Revue d'histoire littéraire. 1911.

Nicole : *Le Roman d'une Sœur.* Figaro, 30 septembre 1911.

Francis Jammes. *Eugénie de Guérin. Feuilles dans le Vent* (Mercure de France).

Remy de Gourmont. Le Temps, 16 juin 1912.

Anatole Le Braz. *Aux fêtes du Cayla.* Journal des Débats, 23 juillet 1912.

Anatole Le Braz. *La Bretagne et Maurice de Guérin.* Revue Bleue, 24 août 1912.

Eugénie et Maurice de Guérin. *Souvenir. Fêtes d'Andillac et du Cayla,* 18 juillet 1912. Rabastens-sur-Tarn, Imprimerie Mauriès. (On trouvera dans ce recueil les articles de Le Goffic, de Le Braz et du comte Gardès dont j'ai cité quelques fragments.)

Ad. Van Bever. Les notes et les éclaircissements qui suivent le texte du *Cahier Vert.* Paris, Georges Crès, 1921.

Disons, en terminant, une bonne nouvelle. M. l'abbé Barthès, qui est — avec Abel Lefranc — le plus averti des guériniens, prépare, à la lumière de documents inédits, une édition nouvelle des œuvres de Maurice de Guérin. Nous attendons ce monument avec une impatience respectueuse.

CHAPITRE II

LES INSPIRATIONS DE LA TERRE NATALE

Le paysage du Cayla doit dominer l'étude de l'œuvre guérinienne. Puisqu'il surgit toujours, dans le cœur de Maurice, comme un ami qui console ou un maître qui inspire, il est nécessaire d'évoquer l'âme de ce confident pour comprendre la douceur de ses consolations et la qualité de ses conseils.

Or, l'originalité de ce paysage se définit par les trois caractères qui le décrivent : l'harmonie qui chante dans un vallon aux courbes légères et douces, — l'abondance des effets d'horizon dans ce vallon qui ondule, — la majesté de la forêt de chênes que les habitants du pays appellent la garenne du Nord et dont Maurice et Eugénie ont tant aimé la tristesse et la grandeur.

Donc analysons l'efficacité créatrice de cette harmonie, de ces effets d'horizon et de cette farouche magnificence afin de remonter aux sources de ce génie qui a éprouvé le sentiment de la nature avec une incomparable puissance de retentissement.

I

Ce paysage est un paysage doux et calme, un paysage qui a le calme de la douceur, un paysage harmonieux. Le château du Cayla domine un vallon aux courbes adoucies, aux pentes molles. Du haut de la terrasse, où la rêverie du poète a déployé tous ses désirs, on voit se dérouler une conque heureuse, une véga façonnée par le rythme des ondulations. Au bas, le Santussou, ruisseau murmurant et fragile, coule le long d'un rideau de saules et de peupliers. Au fond de la vallée, des prairies s'étendent, puis gravissent la pente des collines, et la ligne dispersée des arbres forme çà et là des îlots de verdure et des oasis de silence.

Dans le calme du vallon, la paix de, la prairie qu'abrite la rangée des arbres évoque le paysage où soupirait la mélancolie de Virgile. Car le souvenir de Virgile se lève ici avec la force des inévitables évocations. Les arbres du Cayla sont les arbres du paysage virgilien : le saule aux lueurs d'argent, le figuier dont le fruit a recueilli l'âme du soleil, le marronnier qui a protégé de la fraîcheur de son ombre tant de confidences fraternelles, le peuplier qui monte dans la lumière comme le plus haut rêve de la prairie.

Les sources secrètes qui nourrissent cette verdure chantent le long du gazon. L'une d'elles, la source du Téoulé, qui murmure selon les nuances du jour sa joie ou sa plainte, c'est la nymphe de Virgile qui sort en chantant du cœur du chêne, et accompagne de son bruit éternel les âmes de Maurice et d'Eugénie, toujours renaissantes et fraîches, toujours errantes dans cet asile de la gloire et de l'amitié.

Virgile aurait aimé ce paysage.

Voici la prairie, la prairie accueillante et herbeuse : *herbosa prata.*

Voici la source fraîche près du bassin couvert de mousse :

> Hic liquidi fontes et stagna virentia musco.

Voici les bois touffus de Septfonds qui retentissent du chant des oiseaux :

> Avia tum resonant avibus virgulta canoris.

Voici le ruisseau sinueux et les tendres roseaux qui voilent ses rives :

> ...tardis ubi flexibus errat
> Mincius et tenera prætexit arundine ripas.

On entend la tourterelle qui roucoule à l'abri de l'ormeau :

> Turtur ab ulmo.

On écoute le bruissement des abeilles qui volent dans la haie de saules :

> Hyblæis apibus florem depasta salicti.

Enfin sur ces coteaux onduleux se déploie la mélancolie du soir qui apporte le mystère de ses grandes ombres :

Majoresque cadunt altis de montibus umbræ.

Le paysage virgilien revit devant nous, — un paysage tempéré et tranquille, — un paysage qui invite au rêve sans égarer le rêve dans la chimère de l'indéterminé, — un paysage qui enclôt la rêverie dans la pureté des formes claires et harmonieuses.

Dans ce vallon bienfaisant, deux sensations d'une intensité singulière frappent l'âme et soutiennent longuement la méditation : l'abondance de l'écho et la richesse des jeux de la lumière et de l'ombre.

L'écho éclate en bruits soudains et longs à travers ces vallons arrondis. Tantôt la voix descend et roule et s'abandonne à la pente de la montagne. Tantôt la voix monte du fond du ravin comme un cri d'alouette et sillonne d'une traînée lumineuse la limpidité de l'air. Que de fois Eugénie a noté cette vie de la voix dans les parois retentissantes du vallon silencieux ! Que de fois Maurice a écouté la musique de ces bruits de la nature qui rendent si pathétique le silence !

Ce paysage qui multiplie les effets du son se prête à tous les jeux de la lumière et de l'ombre. Car, dans ces creux du vallon et sur ces coteaux penchés, le soleil déploie tous ses prestiges. Dans la diversité des heures, les ombres délicates et çà et là clairsemées traversent ces champs et s'y reposent en groupes pacifiques et font plus intime l'hymen de l'arbre et de la prairie. On dirait que dans cette vallée heureuse la vie des sons et l'abondance des reflets viennent offrir, pour l'épanouissement d'un génie naissant, les manifestations les plus émouvantes de la vie de la nature.

Devant ce vallon d'une grâce italienne et d'une ordonnance française, devant ce paysage qui offre au regard des groupes composés et choisis, on s'explique un caractère éminent de l'art de Maurice de Guérin. Malgré les tendances romantiques de son âme, il résistera au romantisme. Dans l'élan de son plus haut délire, il acceptera la discipline de la mesure. Toujours fidèle à ses hérédités latines parce que le paysage du Cayla toujours ressenti a formé son âme à la clarté des plans harmonieux, il estimera qu'il n'est pas nécessaire de traduire dans l'indécision de l'obscurité les mystères de l'âme et l'infini du songe. Certes nous ne l'entendrons pas toujours si nous ne sommes pas capables de monter vers ses pics ardus ou de descendre dans ses cavités profondes ; mais si nous savons nous incliner dans la méditation qu'impose la vraie grandeur et comprendre que la beauté n'est pas une fontaine publique exposée dans tous les carrefours aux confidences banales des hommes, mais au contraire une source mystérieuse et lointaine qu'il faut chercher à travers les ronces de la montagne dans la région heurtée des sommets, alors son œuvre rayonnera dans la lumière des hautes solitudes ou dans la clarté encore plus éclatante des ténèbres illuminées. Il sera mystérieux, mais il ne sera pas incertain. Il sera profond, mais il ne sera pas obscur. Il exprimera dans un art classique ses ivresses les plus tremblantes. Il sculptera sur l'airain de son verbe ses sentiments entraînés par le vent des nostalgies. Le Centaure déchaîné à travers la nature saura se plier à l'ordre de la netteté latine.

II

Le second caractère de ce paysage est l'abondance des effets d'horizon. De la terrasse du château, le regard s'étend vers les beautés que la nature déploie sur la ligne des sommets avec la complicité du ciel. Il convient d'analyser la force inspiratrice de ces jeux de la lumière sur les ondulations des cimes.

Du fond de la vallée quand le regard monte vers l'horizon, il assiste à de féeriques aventures. Tout prend un air d'ampleur et de magnificence. On comprend et on éprouve les émotions des poètes primitifs. On revit les heures antiques des poèmes de l'Égypte et de l'Inde. Les formes des choses se revêtent de majesté et les êtres vivants ont la noblesse des épiques apparitions. La cabane la plus délaissée émerge avec éclat de la ligne lointaine et ressemble à ces phares qui signalent les solitudes. Le bœuf penché sur la terre accomplit avec la grandeur biblique le geste éternel de son bienfaisant labeur. Le berger qui surveille son troupeau surgit dans la gloire du pasteur de Lucrèce qui goûte la joie divine des sommets inaccessibles, *per loca pastorum deserta atque otia dia.*

Quand nous avons gravi la montagne, nous éprouvons, dans l'émotion d'une énergie créatrice, le sentiment d'être au centre, à un centre choisi d'où les perspectives rayonnent. La vue de la voûte céleste donne à cet observatoire une puissance de projection insondable. Cette fraternité de la terre et du ciel amène la joie des dilatations, car nos limites se dissolvent à travers la pureté de l'espace ; et, dans la vision d'immensité qui nous soulève, une sensation d'infini traverse l'âme comme un éclair qui ouvre l'abîme des cieux. Signalons la puissance de ces effusions dans l'âme guérinienne toujours prête à de beaux départs, et comprenons l'efficacité de ces visions dans un cœur si épris de toutes les formes du pathétique.

La lumière déploie à l'horizon ses plus beaux prestiges. Dans la magie du lointain, les êtres apparaissent avec la majesté de l'isolement et la noblesse de la grandeur. Ces gestes humains nous émeuvent par leur simplicité et leur magnificence parce qu'ils se profilent sur l'étendue des cieux. Ces êtres nous sont vénérables parce qu'ils se dressent à la limite de deux mondes. En se prolongeant dans la pureté de l'azur, ils empruntent de la puissance des surnaturelles évocations ; car, dans ces parages vastes et libres, la lumière a un pouvoir d'enchantement qui leur donne un éclat d'apothéose. Nous comprenons alors pourquoi la vue de l'horizon éveille au fond de nous l'ivresse des Centaures. Sur les vagues de l'air comme sur une mer sans rivages, nous errons au gré de la puissance de nos sentiments et de nos pensées ; car la sensibilité déroule ses ondes sur les vibrations de cette étendue indéfinie, et notre pensée multipliée par ce plaisir d'élargissement s'épanouit dans l'abondance de ses ressources. Le souffle des synthèses et des métaphysiques se déploie dans cette joie robuste que nous appelons l'ardeur des sommets, et l'émotion religieuse nous soulève dans un émoi de confiance et d'exaltation.

Maurice de Guérin s'est plu à projeter son rêve sur cette ligne indécise et charmante où les derniers sommets de la terre se mêlent aux commencements des cieux. « Le Cayla est au centre d'un horizon chéri. » Dans le silence de cet observatoire de choix, il a ressenti des émotions exaltantes jusqu'à la fièvre, dont l'aveu souvent obscur se précise maintenant devant notre pensée avertie : « Quand je goûte cette sorte de bien-être dans l'irritation, je ne puis comparer ma pensée qu'à un feu du ciel qui frémit à l'horizon entre deux mondes. »

J'ai eu l'occasion d'éprouver, dans ce paysage

émouvant, la valeur poétique de ces effets d'horizon. Je savais, par les aveux de Maurice, que le coucher du soleil manifeste, dans les ondulations de cette vallée silencieuse, toutes les richesses de sa magnificence. J'ai voulu me donner la joie de cette contemplation. La douceur d'une fin de journée de septembre reposait sur la campagne enveloppée par tous les souvenirs guériniens qui affluaient de toutes parts, du cœur des arbres et de la voix des sources, du bruit du ruisseau sous les saules et du chant de la tourterelle à l'abri de l'ormeau. Le soleil se couchait derrière l'église d'Andillac et la sérénité descendait sur l'humble village. Un nuage de pourpre, un nuage d'encens rouge, qui prenait la forme d'une lyre sanglante et pourtant triomphale, montait dans l'ardeur de l'azur, comme s'il emportait dans une gloire d'apothéose l'âme de Maurice endormie à l'ombre de l'église sous le cyprès du petit cimetière. Décor propice aux rayonnements du souvenir ! C'était l'heure accueillante à nos intuitions les meilleures, quand la méditation a gravi les sommets ardus de la compréhension. L'éclat de cette vision symbolique illustrait les plus hautes pensées guériniennes. Était-ce l'esprit de Maurice qui se répandait, avec le chœur des Muses antiques, dans la lumière de Phoibos-Apollon ? Était-ce l'âme de Maurice qui s'unissait enfin aux croyances ancestrales et se dilatait dans la joie de la prière chrétienne ? N'était-ce pas plutôt

tout notre grand Maurice, l'esprit du penseur
et le cœur du poète, qui s'épanouissait dans l'harmonie de cette lyre céleste et chantait toute l'ardeur de la croyance chrétienne dans toute la splendeur de la nature divine ?

III

Ce paysage, qui séduit les sens par sa grâce virgilienne et sa puissance d'irradiation, frappe la pensée
par sa grandeur. Derrière le château du Cayla
surgit la forêt de chênes. Maurice aimait cette garenne
du Nord. Il comprenait le tragique de la forêt.
Il écoutait le silence de la forêt, silence approfondi
par l'écho du murmure que le ruisseau du Santussou
déroule le long du ravin.

Dans la solitude de la forêt et dans la solennité
de son silence, une imagination puissante préside
à la collaboration de la nature et du cœur humain.
Quand le soir tombe sur la cime apaisée des forêts,
il veille au recueillement des sympathies qui se rapprochent. Quand le soleil perce la voûte de la forêt,
les dryades sortent du cœur des chênes et le poète
se mêle au dialogue émouvant des nymphes et des
arbres.

Ici Maurice s'incline devant le mystère des forces
vivantes et il sent que son cœur bat dans le cœur
de la nature. Devant le vallon de verdure et de
lumière, il s'enivrait d'harmonie et de beauté.

Devant la gravité de la garenne du Nord, il médite dans le silence et il élabore les rites d'un culte religieux.

Car il a contemplé la majesté du chêne. Il a aimé le grand arbre sacré, l'arbre chargé de la vénération des humains, l'arbre de Jupiter et de l'oracle de Dodone, l'arbre chanté par Lucrèce et Virgile, Ronsard et Lamartine, Wordsworth et Maurice de Guérin.

Le chêne est le symbole de la patience. Le cœur du chêne est plus dur que le fer. Le cœur du chêne résiste plus que le fer à l'usure du temps et à la rouille de la fatigue. Le chêne est plus vivant et aussi robuste que le granit.

Le chêne est l'image de la puissance. Pourtant voyez la forme des grands chênes. Elle est tourmentée comme la bataille du Temps qui s'agite et de l'Éternité qui demeure. Le chêne est puissant et il paraît tourmenté. Le chêne a des formes douloureuses et il montre un calme éternel. Comprenons la leçon du chêne. Il a grandi parce qu'il a souffert, comme si la souffrance était la condition de la grandeur. Un auguste silence émane de ces frondaisons orageuses. Or la contemplation de la puissance qui a dominé le trouble amène toujours la sérénité. Dans la paix de la montagne, notre fragilité se fortifie, car le calme des monts survit aux tourments de la tempête. Devant le repos de la mer, nos inquiétudes s'apaisent, car ce rythme constant dans l'agitation éternelle apporte le sentiment de la certitude. Devant le Moïse de Michel-Ange, le trouble imposé par tant de pathétique s'achève dans la force inspirée par tant de majesté. La même émotion de tempête et de discipline, de souffrance et de triomphe soulève l'âme de Maurice devant la forêt des grands chênes.

Il sera donc facile de comprendre pourquoi le poète s'attardait dans la solitude de la garenne du Nord, et il sera agréable d'expliquer pourquoi le chêne apparaît, dans les passages essentiels de son œuvre, pour traduire ses rêves les plus ardents. Quand il méditera sur la mort de Marie, il voudra définir la paix de son âme qui a purifié sa douleur, et il dira : « J'ai cueilli un miel sauvage et fort dans le cœur des chênes primitifs ». Dans le *Centaure*, il suivra le héros sur les ondulations des cimes : là, dans le silence des bois inspirés, sous le regard des constellations, dans le voisinage de Pan et des nymphes enivrées par la nuit, il écoutera le murmure de l'arbre vénérable : « L'esprit des dieux venant à s'agiter troublait soudainement le calme des vieux chênes. » Dans le *Journal*, quand la mélancolie l'enveloppe et le laisse dans la détresse, il tendra ses mains suppliantes vers la sérénité des forêts : « Si j'emportais ces hauteurs ! Quand serai-je dans le calme ? Autrefois les dieux, voulant récompenser la vertu de quelques mortels, firent monter autour d'eux une nature végétale qui absorbait dans son étreinte, à mesure qu'elle s'élevait, leur corps vieilli et substituait à leur vie, tout usée par l'âge extrême, la vie forte et muette qui règne sous l'écorce des chênes. Ces mortels, devenus immobiles, ne s'agitaient plus que dans l'extrémité de leurs branchages émus par les vents. N'est-ce pas le sage et son calme ? » C'est ainsi que la forêt de chênes a fait entendre les paroles inspiratrices et les conseils de la puissance.

*
* *

On voit que le vallon du Cayla pouvait fournir à Maurice de Guérin non seulement des thèmes à descriptions où l'imagination du rêveur trouvait le décor réclamé par le désir, mais encore des motifs de méditation où le penseur anxieux devait chercher les raisons du calme. C'est pourquoi, dans les avenues secrètes et agitées de son paysage intérieur, les beautés de la terre natale surgissent pour offrir au poète les images pacificatrices de l'harmonie et de la magnificence.

CHAPITRE III

L'ENFANCE MERVEILLEUSE DANS LE VALLON DU CAYLA

Accompagnons le poète enfant dans ce paysage dont nous avons montré l'efficacité créatrice, et assistons à ses premiers étonnements devant la beauté du monde. Car il convient de se pencher, avec l'attention du respect, vers l'enfance des grands poètes, si l'on veut surprendre le secret des origines dans les manifestations du génie naissant.

Une âme d'enfant est jaillissante et directe comme une force de la nature. Elle n'a pas été altérée par les incohérences de nos pédagogies. Elle n'a pas subi l'empreinte des mains imprudentes et lourdes. Sa sensibilité est intacte et pure. Son imagination se déploie avec la spontanéité de ses élans. Hâtons-nous de la saisir avant les déformations et les artifices.

Pour nos esprits surchargés, la nature a souvent perdu le charme de sa fraîcheur. Entre elle et nous s'interposent l'écran de nos souvenirs et le voile de l'habitude. Mais la sensibilité d'un enfant se mêle amicalement à l'harmonie et à l'éclat du monde. L'imagination d'un enfant se fond fraternellement dans les formes les plus heureuses de la vie. Aussi le regard de l'enfance semble-t-il enivré dans un perpétuel émerveillement.

Donc attendons-nous à des manifestations surprenantes s'il s'agit d'un Maurice de Guérin qui s'avance vers nous avec une auréole. L'enfance de cet enfant est merveilleuse et divine. Elle est merveilleuse, puisque les plus nobles ardeurs de la vie ancestrale, qui semblent éteintes dans nos âmes amorties, vont renaître et s'épanouir dans cette âme triomphale avec la grâce de l'aube et la vivacité du printemps. Elle est divine, car l'enfance d'un enfant de génie permet d'entendre le bruissement des sources lointaines. Le divin dans la nature et dans l'humanité est la manifestation soudaine d'une source longtemps mystérieuse. Une source est un élan de la vie créatrice. Une source est un geste de Dieu. Proclamons que l'enfance d'un poète est vénérable comme une source et sacrée comme un message divin.

*
* *

Évoquons le poète dans les sentiers de son Cayla. Mais, pour éviter les erreurs des évocations, recherchons l'appui des confidences et la sanction des textes. Il faut que notre goût, consolidé par le savoir, assure la justesse de nos sentiments et de nos intuitions.

Il est difficile d'accepter sans contrôle les récits composés dans le mirage de la gloire. Les écrivains recomposent le tableau de leur enfance avec la collaboration du souvenir. Or le souvenir, le plus subtil des magiciens, forme la trame de nos songes, et les créations de nos songes sont arbitraires et décevantes. Nous avons dû surveiller les affirmations d'un Lamartine et d'un Chateaubriand : doit-on se défier des aveux d'Eugénie et de Maurice de Guérin ?

Il convient de dissiper le prestige des récits de Lamartine et de Chateaubriand. Le livre des *Confidences* de Lamartine est construit comme un poème où se combinent les souvenirs et les créations, car le poète obéit toujours à son besoin d'idéaliser qui transforme la réalité quotidienne. Lamartine adolescent n'a pas été cet Éliacin mélancolique, cet élégiaque plaintif et toujours mêlé au cortège de ses sœurs : il fut un enfant vigoureux et indiscipliné, fier de sa force, souvent déchaîné dans la véhémence. Et cet enfant robuste, après avoir traversé la mélancolie des *Méditations*, écrira les *Recueillements* et imposera à l'admiration des hommes la grandeur de sa vieillesse meurtrie et infatigable. De même il a fallu écarter les récits trop séduisants de Chateaubriand. Son livre, concerté comme une apologie, mêle aux créations involontaires de l'imagination poétique les inventions d'un orgueil toujours préoccupé. Les *Mémoires d'Outre-Tombe* sont le monument glorieux qu'a élevé une vanité insondable. Les *Mémoires d'Outre-Tombe* de Chateaubriand sont le panégyrique de Chateaubriand, — un panégyrique somptueux et obstiné.

Au contraire nous pouvons accueillir avec confiance les effusions d'Eugénie et de Maurice. Eugénie est l'esprit le plus spontané et le plus incapable de mensonge. Son regard est neuf et frais. Son jugement est incorruptible. Elle ignore la détestable habitude de l'homme de lettres qui écrit, dans l'obsession du public toujours évoqué, avec les soucis littéraires qui amènent l'artifice.

Ils sont rares ceux qui écrivent comme si rien n'avait été écrit avant eux ! Ils sont rares ceux qui écrivent comme s'ils écrivaient au fond d'un désert, dans le silence de l'isolement, devant le regard de Dieu !

Eugénie fait partie de ce groupe souverain. Avec l'audace magnifique de la candeur, elle se tient sur la ligne inflexible de la sincérité, et elle s'y maintient sans effort parce que les délicatesses de la femme sont en elle fortifiées par les scrupules de la chrétienne. Accueillons avec confiance le témoignage d'Eugénie.

Le témoignage de Maurice semble aussi garanti

et indiscutable. Un Lamartine est enclin aux formes qui embellissent, parce qu'il écrit loin de son enfance, sous l'action déformatrice des poétiques imaginations. Un Chateaubriand nous égare parce qu'il est la dupe de sa vanité. Il altère les événements parce qu'il songe moins à la vérité qu'à la gloire. Il transforme les caractères parce qu'il compose une image qui doit avoir l'harmonie d'une œuvre d'art. Au contraire le passage que nous utiliserons a été écrit dans l'effusion de la première enfance, quand le poète se distinguait à peine des bergers qui l'accompagnaient dans les sentiers de son vallon.

Donc allons, avec un esprit rassuré, vers le mystère des sources, et laissons-nous prendre et illuminer par la sincérité des aveux d'Eugénie et de Maurice de Guérin.

*
* *

Eugénie nous a laissé, sur l'enfance de son frère, ces précieuses confidences : « Maurice était un enfant imaginatif et rêveur. Il passait de longs temps à considérer l'horizon, à se tenir sous les arbres. Il affectionnait singulièrement un amandier sous lequel il se réfugiait aux moindres émotions. Je l'ai vu rester là, debout, des heures entières. — Il est, à la campagne, aux beaux jours d'été, des bruits dans les airs que Maurice appelait les bruits de la nature. Il les écoutait longuement. — Une de ses jouissances, c'était encore d'improviser en plein air, et, comme il avait du penchant pour l'état ecclésiastique, c'était des discours religieux qu'il faisait. Il y a dans les bois du Cayla, sous un enfoncement, une grotte taillée en forme de chaire, où il montait, et qui fut appelée pour cela la chaire de Chrysostome. Maurice avait toujours ses sœurs pour auditoire ».

Ces révélations bienfaisantes éclairent les mystères du génie naissant. « Maurice était un enfant imaginatif et rêveur », puisqu'il trouvait au fond de lui-même une source d'enchantement. L'enfance de ces enfants prédestinés à chanter la beauté du monde est le déroulement d'une féerie intérieure. Les plus beaux désirs de l'âme des ancêtres revivent dans ces âmes chargées d'avenir, parce qu'elles sont pleines des richesses du passé. Les songes qui ont soulevé les premiers hommes se prolongent dans ces imaginations retentissantes. Cette puissance de création, qui étonne nos sensibilités fragiles, s'explique par le charme de ces souvenirs renaissants. C'est pourquoi les grands poètes se plaisent dans l'évocation de ces heures illuminées par ces rayonnements qui viennent peut-être du fond des âges. Pensons à la joie de Victor Hugo revivant les rêveries du jardin des Feuillantines, — à l'exaltation de Leconte de Lisle décrivant, dans l'amertume de son désespoir, la splendeur de son île natale, — aux visions édéniques de Pierre Loti signalant, dans la mélancolie de sa maturité finissante, les premiers éblouissements de sa sensibilité ouverte aux féeries de l'univers.

« Maurice passait de longues heures à considérer l'horizon. » Car l'horizon était le cadre nécessaire de sa vie intérieure soulevée par l'envol des songes. A cet enfant imaginatif et rêveur, l'horizon offrait ses couleurs, ses formes de rêve, sa lumière d'apothéose. Il voyait se lever là-bas, dans la magie du lointain et l'éclat des créations naturelles, le décor propice à ses effusions les meilleures. C'est pourquoi nous avons jugé nécessaire d'analyser l'efficacité créatrice de ces effets d'horizon.

« Maurice passait de longues heures à se tenir sous les arbres. Il affectionnait singulièrement un amandier sous lequel il se réfugiait aux moindres émotions. » Cet enfant aime à se tenir sous les arbres qui sont ses compagnons tutélaires. Geste charmant du tendre et du fragile vers l'appui offert par la force ! Retenons ce geste de tendresse et d'imploration. Jamais cette image aimée des poètes — le sein de la nature où l'humanité fatiguée se rejette éternellement — jamais cette image antique n'a vécu d'une vie plus touchante que dans l'âme guérinienne. Toujours Maurice de Guérin sera cet enfant qui se calme dans le sein maternel de la terre et demande aux arbres le secret de leur sérénité. Toujours il viendra déposer sa plainte dans le cœur du chêne et de l'amandier pour s'informer du cours de la nature en écoutant le rythme des lois de la vie.

Quand Eugénie ajoute : « J'ai vu Maurice rester là, debout, des heures entières », nous comprenons ce qu'elle nous laisse entendre. L'enfant s'abandonne au charme des beautés qui l'entourent, comme le croyant s'abandonne à son Dieu. Ce sentiment de la nature répand au fond de son âme l'enthousiasme secret du mysticisme. Maurice est en extase. Pendant ce temps, Eugénie agenouillée dans l'ombre de sa chapelle éprouve la même ardeur dans le même élan de la sensibilité conquise par le divin. L'extase de la sœur devant l'image de la Vierge n'est pas plus enivrante que l'extase du frère devant la majesté du grand chêne ou la tendresse de l'amandier.

Le dernier aveu n'est pas le moins éclairant. « Une de ses jouissances était d'improviser en plein air. Il y a, dans les bois du Cayla, une grotte taillée en forme de chaire, où il montait et qui fut appelée pour cela la chaire de Chrysostome. » On montre, dans les bois du Cayla, sous un enfoncement, la grotte taillée en forme de chaire, et l'on peut encore entendre les improvisations du jeune poète, si l'on écoute au fond de soi-même les souvenirs de ses *Lettres* et de son *Journal*.

Donc il improvise. Mais l'improvisation n'est pas une effusion désordonnée et arbitraire. L'improvisation n'est jamais une création. Création, mot formidable qui déborde par son caractère infini

la portée toujours finie de la puissance humaine !
L'improvisation est l'apparition, imprévue mais
nécessaire, d'une vie intérieure longtemps amassée
dans le silence. L'enfance d'un Mozart et d'un
Maurice de Guérin offre le spectacle surprenant
d'une force à la fois enfantine et héroïque. Dans
leur âme émerveillée, la sensibilité souple comme
un fluide s'ouvre à la beauté et à l'harmonie du monde.
Leur imagination, que le moindre souffle soulève,
retient et multiplie ces apparitions plastiques
et chantantes. Peu à peu ce travail intérieur façonné
dans la pénombre s'organise, et jaillit enfin en une
inspiration qui paraît soudaine et qui est l'explosion
de sentiments longtemps caressés. On n'improvise
jamais : on accueille l'heureuse abondance des
souvenirs. Cet enfant qui improvise dans la grotte
inspiratrice, c'est la nature du Cayla ressentie par
une sensibilité prenante, et exprimée par une âme
évocatrice et sonore.

Cette confidence d'Eugénie est fortifiée par le
plus précieux des témoignages. Nous possédons
en effet un poème en prose qui est un chant lyrique
composé par Maurice à onze ans.

« Oh ! qu'ils sont beaux ces bruits de la nature,
ces bruits répandus dans les airs, qui se lèvent avec
le soleil et le suivent, qui suivent le soleil comme un
grand concert suit un roi.

« Ces bruits des eaux, des vents, des bois, des monts et des vallées, les roulements des tonnerres et des globes dans l'espace, bruits magnifiques auxquels se mêlent les fines voix des oiseaux et des milliers d'êtres chantants ; à chaque pas, sous chaque feuille, est un petit violon. — Oh ! qu'ils sont beaux ces bruits de la nature, ces bruits répandus dans les airs !

« Comme les jours d'été en sont pleins ! Quels retentissements lorsque les campagnes éclatent de vie et de joie comme les grandes jeunes filles ; lorsque, de tous côtés, s'élèvent rires et chansons, cadence de fléaux sur l'aire, avec accompagnement de cigales, et, le soir, les tintements des cloches de l'*Angelus* qui annonce Dieu parmi nous. — Oh ! qu'ils sont beaux ces bruits de la nature, ces bruits répandus dans les airs !

« Entendez-vous ces battements de feuilles qui s'agitent comme de petits éventails, ces sifflements des roseaux, ces balancements des lianes, escarpolettes des papillons, et ces souffles harmonieux et inexprimables que font sans doute les anges gardiens des champs, ces anges qui ont pour chevelure des rayons de soleil ? — Oh ! qu'ils sont beaux ces bruits de la nature, ces bruits répandus dans les airs !

« Je vais toujours les écoutant. Quand on me voit rêveur, c'est que je pense à ces harmonies. Je tends l'oreille à leurs mille voix, je les suis le long des ruisseaux, j'écoute dans le grand gosier des abîmes, je monte au sommet des arbres, les cimes des peupliers me balancent par-dessus le nid des oiseaux. — Oh ! qu'ils sont beaux ces bruits de la nature, ces bruits répandus dans les airs ! »

Soumettons ce poème à l'ordre de l'analyse, parce qu'il apparaît chargé de révélations.

Nous remarquons d'abord, dans le rythme si chantant et si sûr de cette confidence, la qualité musicale de l'inspiration lyrique. Maurice écoute les bruits de la nature, parce qu'il est surtout sensible à l'harmonie de son Cayla. Signalons dès maintenant la tendance heureuse à dépasser la beauté des apparences pour écouter la musique qui retentit au centre des choses. La musique est le fond même de l'être. Le son est l'expression du cœur des êtres. Un son est une âme qui chante. L'enfant qui écrit ce poème émouvant écrira plus tard cette page où résonne la symphonie de la musique universelle. « Tous les bruits de la nature : les vents, ces haleines formidables d'une bouche inconnue, qui mettent en jeu les innombrables instruments disposés dans les plaines, sur les montagnes, dans le creux des vallées, ou réunis en masse dans les forêts ; les eaux qui possèdent une échelle de voix d'une étendue si démesurée, à partir du bruissement d'une fontaine dans la mousse jusqu'aux immenses harmonies de l'Océan ; le tonnerre, voix de cette mer qui flotte sur nos têtes ; le frôlement des feuilles sèches s'il vient à passer un homme ou un vent follet ; enfin, car il faut bien s'arrêter dans cette énumération qui serait infinie, cette émission continuelle de bruits, cette rumeur des éléments toujours flottante, dilatent ma pensée en d'étranges rêveries. »

Un second caractère se révèle dans ces strophes : la puissance d'envergure qui soulève cette sensibilité d'un enfant de onze ans. Un enfant, d'ordinaire, s'attache au détail joli, et, quand il est bien doué, il exprime cette vision claire mais brève en des remarques gracieuses. Signalons, en passant, ces notations enfantines : « le petit violon qui chante sous chaque feuille », — « les fines voix des oiseaux » — « les petits éventails des feuilles qui s'agitent ». Mais, parmi ces remarques agiles, jaillissent de grandes images capables de se déployer sur le monde. Cette mélodie frêle se prolonge en une puissante harmonie. Car, dans une âme de poète, le son le plus léger éveille les plus riches résonances. La sensibilité d'un poète retentit comme ces résonateurs qui multiplient la force de la voix et la répandent au loin sur le glissement infini des ondes sonores. Ainsi cet enfant merveilleux écoute dans le silence de la prairie non seulement le chant des oiseaux que nous pouvons entendre, mais ces « souffles harmonieux et inexprimables » que seuls les poètes peuvent sentir. Ainsi encore la chanson du Santussou qui coule dans le ravin lui permet d'entendre « le grand gosier des abîmes » : une sorte d'hallucination auditive, aussi créatrice que les épiques évocations, prolonge soudain le bruit léger du ruisseau dans le murmure formidable des gouffres. C'est pourquoi enfin le chant du vent dans la vallée le soulève d'une émotion solennelle, comme s'il écoutait l'harmonie des sphères ; et cet enfant qui ignore le nom de Platon trouve cette grande image platonicienne : « les roulements des globes dans l'espace, bruits magnifiques ». Le petit solitaire du Cayla pourrait dire déjà ce qu'il écrira plus tard à Barbey d'Aurevilly : « Ma sensibilité ne va pas au détail mais à l'ensemble, d'après la manière orientale ».

Le déploiement de ces strophes sur des images pleines de magnificence nous montre encore l'imagination d'un poète primitif dans l'éclat de son allure créatrice. Il écoute la voix des choses. Il vit au cœur de la nature. Il voit dans les formes de la vie la manifestation de forces divines. Donc il revit les meilleures heures d'un Homère et d'un Virgile et de tous ceux qui ont retrouvé au fond d'eux-mêmes la sensibilité des anciens : tels un Ronsard, un André Chénier, un Jean Moréas, ou ce grand poète primitif qui fut le peintre des visions antiques, Puvis de Chavannes. Voici une image digne d'Homère : « Les bruits répandus dans les airs suivent le soleil comme un grand concert suit un roi ». Ce soleil et cette harmonie qui monte vers la gloire du soleil, n'est-ce pas Phoibos-Apollon qui éclaire le monde et qui parcourt les solitudes du ciel dans le cortège des Muses qui chantent ? Voici un tableau digne de Virgile : « Quels retentissements lorsque les campagnes éclatent de vie et de joie comme les grandes jeunes filles ! » Cette image d'une magnificence plastique nous permet de comprendre l'origine d'un mythe, puisqu'elle nous fait assister, dans l'imagination d'un poète enfant, à l'éclosion de ces mythes gracieux et puissants : les nymphes qui parcourent les campagnes, les sylvains qui frémissent dans l'ombre des bois, le grand Pan « toujours solitaire » qui jette le trouble de sa syrinx dans la solitude du soir. Devant les campagnes qui éclatent de joie comme les grandes jeunes filles, les poètes anciens évoquaient les formes heureuses et belles d'une humanité divine. Ainsi notre jeune poète, dans l'ardeur d'un jour de printemps, évoque ces visions harmonieuses, parce que l'intensité de son sentiment de la nature l'égale aux poètes primitifs. Le triomphe du Centaure et l'exaltation de la Bacchante traduiront, en de magnifiques symboles, ce pouvoir créateur de l'imagination poétique devant la beauté de la terre natale.

Ce naturalisme des anciens âges exprime avec tant de plénitude les profondeurs de sa vie sentimentale que les images où se décrit la sincérité de son sentiment religieux s'offrent spontanément pour symboliser ce culte antique de la beauté. Quand le poète déclare : « Les anges gardiens des champs ont pour chevelure des rayons de soleil », il est permis de remarquer que son naturalisme vient se fondre dans les émotions de sa foi. Une croyance chrétienne se revêt d'une forme païenne. Ce compagnon des Sylvains et des Hamadryades, ce charmant petit faune, cet enfant de chœur du culte de Diane associe au fond de lui, dans l'aimable indécision des apparitions mystérieuses, l'image des anges gardiens qu'il invoque dans sa prière matinale et l'image des nymphes qui surgissent le long des prairies ; car les nymphes et les anges forment un chœur fraternel dans l'âme de cet enfant qui, le matin, sert pieusement la messe dans l'église d'Andillac et se mêle, le soir, au cortège d'Apollon dans la paix de son Cayla et le silence de sa forêt de chênes.

Enfin ce passage nous permettra de définir un caractère original de la rêverie guérinienne : « Je vais toujours écoutant ces bruits répandus dans les airs. Quand on me voit rêver, c'est que je pense à ces harmonies » Rêverie singulière qui n'a pas l'allure nonchalante du rêve, mais l'intensité d'une méditation ! Cette rêverie le distingue des romantiques, et la distinction semble si importante qu'il convient de la signaler dans le relief des comparaisons. Une rêverie de Lamartine traduit le murmure de sa plainte. Rappelons-nous le poème intitulé *le Soir*, — poème si émouvant parce qu'il est l'expression à la fois élégiaque et dramatique de la sensibilité lamartinienne. Le poète décrit d'abord

le décor d'un songe : la majesté de la solitude, la
solennité du silence, la grandeur de la nuit qui
monte. Il entend le frémissement des rameaux
et il écoute le passage des ombres dans le feuillage
qui tremble. Il s'émeut surtout à l'effusion soudaine
du rayon nocturne : car ce rayon éclaire moins les
ténèbres de la nuit que les avenues mystérieuses
de ce monde intérieur où sommeille, avant le réveil
de l'exaltation, la vie sentimentale et poétique.
L'éclat du rayon fait lever, en les illuminant, les
images de la douleur ou de l'ivresse, les abattements
de la fatigue et les redressements de l'espérance
chrétienne, la mélancolie des apparitions ossia-
nesques et les élévations de l'ardeur de Pétrarque.
Alors surgit, dans un murmure d'amour, l'Amante
consolatrice. Ainsi la rêverie du poète, qui s'enroule
autour de ce rayon, n'a été que le déploiement de
son chagrin et l'enchantement de son désespoir.
C'est la rêverie lamartinienne, le murmure d'un
cœur replié sur lui-même et agité par l'émoi de sa
vie secrète.

A la lumière des contrastes, il est facile de signaler les différences et de comprendre les créations
de l'originalité. Lamartine est le poète qui songe :
Guérin est le poète qui médite. Lamartine écoute,
en songeant, le chant de son âme : Guérin écoute, en
méditant, la mélodie de l'univers. La rêverie lamartinienne est la mise en liberté de ses rêves et de ses
espérances : la rêverie guérinienne est une élévation

philosophique vers les beautés du monde. La méditation lamartinienne est l'illumination de son paysage intérieur : la méditation guérinienne est l'illustration de la puissance de la Vie dans les agitations des Espaces. Lamartine est le poète romantique qui s'attache à soi-même et se complaît dans la mélancolie des souvenirs : Guérin est le poète primitif et soulevé par le souffle des Védas qui s'exalte devant les forces divines de la Nature.

Nous avons pu surprendre Maurice de Guérin dans la fraîcheur de ses sources et l'ingénuité de ses premiers épanouissements. Nous avons signalé la qualité musicale de son inspiration qui le portera toujours à dépasser les apparences pour écouter la voix même de la Nature. Nous avons entendu le retentissement de cette sensibilité qui prolonge la mélodie de la terre natale dans l'harmonie des globes qui roulent dans l'Espace. Nous avons admiré cette puissance d'imagination qui lui donnait une âme de primitif et le rendait capable d'aimer dans la nature des forces vivantes et belles. Et nous avons pu définir le caractère de la rêverie guérinienne qui le dérobera aux virtuosités de l'art descriptif et le disposera aux méditations. Il semble donc facile d'évoquer ce poète enfant dans la solitude de son Cayla. Il traduit l'hymne glorieux qui résonne dans l'univers. Il chante, et il surgit dans l'amitié des arbres qui l'environnent et le murmure des sources qui accompagnent son chant.

Nous voyons ce fidèle du culte d'Apollon dans le chœur mélodieux des Muses et dans le cortège de Diane, et nous nous penchons, avec un mélange de tendresse et de respect, vers ce jeune compagnon du Centaure qui s'épanouit dans la joie de l'aube en répandant la flamme de sa sensibilité et l'éclat de son lyrisme sur la douceur de son vallon, sur la majesté de la forêt de chênes, sur les sommets où s'illuminent les effets d'horizon.

CHAPITRE IV

LES THÈMES DU LYRISME ROMANTIQUE
DANS LE JOURNAL

En 1830, Maurice de Guérin avait vingt ans. Il a écrit le *Journal* de 1832 à 1835, la *Méditation sur la mort de Marie* en janvier 1835, le *Centaure*, « en 1835 ou 1836 » (selon l'indication de Trébutien), la *Bacchante*, qui est la sœur du *Centaure*, plutôt en 1836 qu'en 1835. Donc une question initiale s'impose à notre pensée devant l'œuvre de ce jeune homme ardent et replié et tout agité par les rumeurs de sa mélancolie. Quelle a été son attitude devant les œuvres triomphantes de ses grands contemporains, et quel fut son jugement dans le débat qui divisait les classiques et les romantiques ? Cette première étude nous permettra de montrer, avec la fermeté de son goût, l'un des caractères profonds de la sensibilité guérinienne.

.

A cette question primordiale, Maurice a répondu dans une lettre écrite en février 1834 à son ami

Hippolyte de la Morvonnais. Cette lettre est un document historique, et il en a signalé l'importance puisqu'il l'a composée sous la forme d'un article de Revue pour rendre publique l'expression d'une idée qu'il estimait essentielle. Or cette lettre est une satire du romantisme, mais une satire tempérée par l'admiration et nuancée de paroles affectueuses. Écrite avec la grâce un peu compliquée de l'allégorie, elle offre une allusion qui se prolonge dans une comparaison développée avec insistance. L'écrivain parle de l'épanouissement du printemps et il pense à l'épanouissement de la littérature romantique. Les feuilles et les fleurs sont brillantes et fraîches ; les jeunes pousses des taillis sont gonflées de sève et les oiseaux se répandent en chantant parmi les buissons. Mais cet éclat est fugitif, car ce printemps est prématuré et les frimas reparaissent. Ainsi la littérature nouvelle est l'éclosion charmante mais brève d'une imagination exaltée par une atmosphère trop brûlante.

« Dans le jardin les espaliers devenaient rouges, et tous les arbustes délicats, frileux et grands amis du soleil, dédiaient en toute confiance leur frêle feuillage à cet hiver doux et bénin qui leur souriait avec la grâce du printemps. Les bourgeons ovales et visqueux du marronnier d'Inde reluisaient au soleil ; ceux du hêtre, aigus et frêles, se dressaient en l'air avec une singulière vivacité, et ceux menus et ronds du chêne commençaient à se grouper au bout des branches, bien que le chêne vienne toujours fort tard et le dernier en verdure. Nous voyions les jeunes pousses des taillis se colorer vivement de cette teinte rouge qui les saisit toujours au réveil de la végétation, comme si la sève qui les gonfle était du sang. Le gazon, perçant la couche de feuilles mortes et de débris végétaux étendus sur lui dans la saison de la chute, commençait à faire tapis sur les lisières des sentiers et dans les clairières, et des milliers de pâquerettes et de marguerites l'égayaient déjà de leur émail. Enfin tout semblait se préparer pour la grande fête de la nature. »

Comme on sent qu'il aime l'éclat frais de ces pousses neuves ! Comme il voudrait les préserver de l'orage ! Comme il désire que les fleurs de ces arbres, de ces amandiers de février d'un blanc de neige, d'un blanc fragile de neige, portent bientôt leurs fruits savoureux ! Mais il tremble devant la fragilité de ce printemps et il a peur des gelées tardives qui détruiront la sève précoce. Alors sur cette nature imprudente et sur cette littérature séduisante et légère, il appelle le patronage du temps, la discipline du silence et la fécondité des méditations.

« Aujourd'hui je gage que l'éruption des fleurs et des feuilles est fort avancée, que les oiseaux sont en quête de mousse, de bûchettes, de plumes errantes et de duvet, et que vous allez promenant des rêveries de printemps sous les premiers ombrages de vos marronniers ? Mais, mon ami, vous endormez-vous bien sur ces belles apparences ? Ne soupçonnez-vous point que ce ne soit là qu'un stratagème de l'hiver, et que ce vieux despote n'ait rusé pour attirer dehors les fleurs et la verdure, et les tuer avec son haleine mortelle ? Mon ami, donnez leçon de sagesse à vos jardins, à vos bois, à vos oiseaux. Dites à vos bourgeons, que je voyais bâiller au soleil, de retenir et empêcher fortement sous l'enveloppe les feuilles qui leur sont confiées ; effrayez-les des rigueurs qui peuvent les surprendre : le plus beau soleil est trompeur. »

Peu à peu le symbole s'éclaire et l'allégorie se dénoue pour laisser passer l'idée qui éclate comme un bourgeon prêt à sortir ; mais il l'enveloppe encore et il la retient et il s'attarde avec complaisance dans le jeu de cette allégorie toujours renaissante. « Ajoutez que si quelques-uns se sauvent du ravage, ils ne donneront le jour qu'à des fruits maigres, ridés, menus, qu'aucune main blanche et délicate ne viendra cueillir, qui sécheront sur branche ou seront livrés en proie aux dents impures des bêtes. Dites-leur encore que leur feuillage rare, frappé de pâle et comme étiolé, leur attirera les dédains du voyageur haletant, des jeunes filles joueuses et des oiseaux musiciens, qui recherchent l'ombrage pour se délasser, jouer, chanter. On les prendra pour des décrépits, et peut-être la cognée sera-t-elle posée à leur pied. Oh ! si vous aviez puissance sur la nature, s'il vous était donné de lui parler comme elle nous parle, quels discours je vous enverrais pour votre Thébaïde, afin de la préserver des séductions de ce printemps perfide dont je sais le danger. »

Enfin le voile est écarté et l'allégorie s'achève dans la décision d'un jugement. On apprend que cette littérature est aimée malgré ses imprudences, et que la protestation de M. Nisard est approuvée sous condition. L'adolescent se rallie au parti des classiques, mais son imagination encore enivrée retient de brillants souvenirs et se prépare à utiliser de belles dépouilles. « Vous que la vue d'un amandier fleuri réjouit tant, vous piqueriez-vous de sévérité envers ces âmes qui se sont ouvertes au grand jour et ont déployé leurs trésors avec une foi si touchante aux faveurs du ciel ? Prenez-vous-en plutôt au soleil du siècle, qui était ardent, à cette atmosphère chargée d'une chaleur funeste qui a précipité tous les développements, et réduira peut-être à quelques épis la moisson de notre âge... M. Nisard ne veut pas que la jeune École périsse, mais qu'elle corrige ses voies ; c'est dans cette croyance, et, j'oserai le dire, à cette condition, que je forme des vœux ardents pour le succès de la campagne qu'il vient d'ouvrir... Non, mon ami, je ne suis épris d'aucun courroux ; je gémis seulement, à l'écart, des égarements de cette littérature qui a oublié la maison et les enseignements de son père. »

Notre poète n'est animé d'aucun courroux, parce qu'il demeure sous le charme de cette poésie accueillante à son inquiétude. Le *Journal*, qui nous apporte le témoignage de cet attrait toujours vainqueur, nous permettra de montrer dans quelle mesure George Sand et Sainte-Beuve ont eu raison de voir dans Maurice de Guérin un frère de René et un compagnon de Werther et d'Obermann.

Cette sympathie secrète est révélée par des textes abondants. Maurice a lu les livres de Jean-Jacques Rousseau, de celui qu'il appelait Jean-Jacques. Ceux qui, en parlant de Rousseau, disent Jean-Jacques n'oublient pas les défaillances de cet inquiétant génie, mais ils ne sont pas insensibles à l'héroïsme de sa sincérité et au pathétique de ses malheurs. — Il a lu *René* de Chateaubriand, et il a senti la puissance d'enchantement qui s'élève de cette prose gonflée d'orgueil, de tristesse et de volupté. — Il a lu les *Méditations* de Lamartine, et il s'est bercé au chant trop berceur de la plainte lamartinienne. — Il a lu les premiers poèmes de V. Hugo, et il a goûté les contrastes de cette œuvre où soufflent déjà les *Quatre Vents de l'Esprit*. — Il a lu les chants de Byron, et il a entendu les aspirations et les amertumes de l'orgueil byronien. — Il a lu les romans de W. Scott, et la vie du Cayla renaissait, heureuse et glorieuse, dans cette représentation des antiques manoirs. Car le château des ancêtres, tout délabré et mélancolique, surgissait dans la splendeur des brillants souvenirs, devant la pensée de cet enfant « imaginatif et rêveur ».

Ces lectures et ces méditations ont laissé dans son *Journal* des marques profondes. Nous trouvons d'abord une définition de la poésie qui est conforme à l'esthétique romantique. « La poésie, c'est l'âme qui se révèle et se répand. » Cette effusion révélatrice des mouvements du cœur humain signale surtout la poésie romantique. Définition qui s'applique en effet à l'œuvre d'un Lamartine et d'un Byron, d'un Chateaubriand et d'un Musset, mais définition qui confond arbitrairement la poésie et le lyrisme, comme si le lyrisme contenait toute l'essence de la vie poétique ! Définition hasardeuse et brève que désavoue la noble impersonnalité des maîtres du XVIIe siècle ! Certes un Corneille exprime la vie de son âme héroïque, lorsqu'il met en scène les exploits d'un Rodrigue, d'un Polyeucte et d'un Nicomède. Et Racine traduit les souffrances du cœur racinien quand il fait parler la mélancolie de Bérénice et les fureurs de Roxane, les alarmes de Monime et la détresse de Phèdre. Mais Corneille et Racine se gardent de traduire directement les aveux indiscrets de leur cœur passionné. Donc Maurice de Guérin, qui voit dans la poésie l'effusion d'une confidence, montre qu'il a aimé le lyrisme personnel de la poésie nouvelle. Même, il l'a tellement aimé que son *Journal*, où son âme se révèle et se répand, apparaît souvent comme un poème qui déroule les thèmes principaux du chant romantique.

Voici d'abord le thème de la fatalité du malheur. Comme le héros des romantiques, Maurice de Guérin se déclare voué à la souffrance. Dès l'âge de 18 ans, il écrivait à l'abbé Buquet : « Le malheur est héréditaire dans ma famille. Pourquoi le sentiment du malheur ne se communiquerait-il pas avec le sang ? » C'est la plainte de René et d'Obermann, d'Antony et de Ruy Blas, d'Hernani et de Chatterton, quand ils chantent leur infortune et se penchent, avec un mélange de mélancolie et d'orgueil, vers leur « âme de malheur, faite avec des ténèbres ». Mais la plainte de Maurice de Guérin est moins théâtrale : elle ne se proclame pas, avec l'allure de l'ostentation, comme une souffrance réservée à la grandeur du génie. Donc elle sera plus profonde, et plus émouvante. Cette première confidence du poète se détache, dans le *Journal*, avec la persistance d'un leitmotif. Toujours nous entendrons cette protestation contre une destinée chargée d'amertume.

Celui qui souffre aspire à ne plus souffrir. Le malheureux apaise le sentiment du malheur dans la douceur des élans vers la liberté et vers la lumière. De là, dans les poèmes romantiques, ce thème nouveau de l'aspiration, toujours ardente, toujours vaine, toujours renaissante. — Le *Journal* de Maurice de Guérin est une série de dépressions qui le laissent dans le désespoir et d'aspirations qui le redressent dans la confiance. Toujours il suit le rythme de la vie romantique abattue par la mélancolie et tendue vers l'exaltation.

Voici maintenant le thème du pathétique intellectuel. La grandeur du poète romantique est dans cette énergie qui l'arrache à sa plainte pour chanter la plainte de l'humanité. Vigny a créé la poésie de ce pathétique. Hugo et Lamartine ont gravi, à sa suite, les pentes de la montagne sacrée et pénétré dans l'asile des méditations. Musset lui-même oubliait les souffrances de Musset quand il tendait vers l'infini ses mains tremblantes. Ainsi Maurice de Guérin médite sur les problèmes de la mort, et il semble esquisser les strophes de l'Espoir en Dieu lorsqu'il écrit dans son *Journal* : « J'ai souffert étrangement tout le long de cette soirée. L'incroyable rapidité de la fuite de la vie, le mystère de nos destinées, les terribles questions que le doute adresse parfois aux hommes les mieux affermis dans leur croyance, enfin cet état qui revient pour moi assez souvent, dans lequel l'âme, comme Lénore, se sent emportée bride abattue vers je ne sais quelles régions lugubres, tout cela s'était emparé de moi. » Quand nous étudierons la *Méditation sur la mort de Marie*, nous verrons à quelle profondeur de réflexion peut descendre la pensée guérinienne, et à quelle hauteur de conclusion elle peut aboutir, parce que le poète a vu dans la poésie l'expression du pathétique intellectuel.

Accablé par tant de misère, l'esprit se recueille dans la douceur du souvenir et du rêve. Car le rêve est le refuge de ceux qui se sont heurtés à l'inaccessible. Donc le thème de la rêverie est essentiel à la poésie romantique qui chante les aspirations déçues et les efforts avortés. Que de fois, dans le *Journal*, nous trouvons ces départs soudains vers le rêve qui ressemblent à des appels dans la nuit vers l'asile inviolable ! « O souvenirs, souvenirs, douce pente qu'on voudrait descendre à l'infini, mélancolique entraînement de ce qui n'est plus à ce qui n'est plus, d'une ombre à une autre ombre, chacune ayant un mélodieux filet de voix dont elle vous appelle et vous séduit ! Où me mènerez-vous, si je continue à rebrousser ainsi le chemin des dernières années et à remettre le pied sur mes empreintes ?... Vous dialoguez en moi-même, ombres chéries, sur un théâtre où je vous ramène sans cesse. » Ainsi, dans l'enchantement du crépuscule qui fait lever la rêverie du soir, Lamartine évoque les ombres qui ramènent la paix et l'amour dans son âme épuisée : « Ah ! si c'est vous, ombres chéries ; — loin de la foule et loin du bruit, — revenez ainsi chaque nuit, — vous mêler à mes rêveries. »

La condition du rêve est la solitude, car la solitude

est le royaume du songe. C'est pourquoi le thème
de la solitude est lié au thème de la rêverie. Lamartine a souvent chanté l'allégresse de la vie solitaire,
parce qu'il entendait « dans la voix des déserts les
oracles de Dieu ». Le *Stello* d'Alfred de Vigny
est une élévation vers la solitude qui protège le
silence où chante la Muse : « La solitude est sainte...
La solitude est la source des grandes inspirations... »
Victor Hugo va vers les lieux inabordables, parce
qu'il se proclame « le confident de la Bouche d'Ombre
et le grand prêtre fauve des forêts ». Ainsi Maurice
de Guérin invoque l'appui de la solitude consolatrice : « La solitude, le murmure des vents, la contemplation du ciel, quelle source de délices ! » —
« La foule, qu'est-ce que la foule ? Dans la nuit,
j'aime mieux le bruit des vents, et, durant le jour,
ces grandes assemblées tantôt silencieuses et tantôt
mugissantes qu'on appelle forêts. » — « Mon Dieu,
faites qu'en traversant la multitude, je sois sourd au
bruit, inaccessible à ces impressions qui m'accablent
quand je passe parmi la foule ; et mettez devant mes
yeux une image, une vision des choses que j'aime,
un champ, un vallon, une lande, le Cayla, le Val. »
Aussi, quand il abandonne la paix de son vallon pour
aller dans les cités vers le tumulte et vers la bataille,
il pousse ce cri d'épouvante : « Je perds la moitié
de mon âme en perdant la solitude, et j'entre dans
le monde avec une secrète horreur ».

Ce besoin de la solitude se rattache à la passion

des beautés naturelles. Nous verrons plus tard l'originalité du sentiment guérinien de la nature. Mais, avant d'arriver aux pensées sûres et fortes, il s'attarde dans les attraits du charme parce qu'il se complaît dans les voluptés de la plainte. On trouve en effet dans le *Journal* une interprétation romantique de la nature. Comme ses grands contemporains, il voit en elle la mère protectrice qui offre à nos fatigues le silence de ses forêts. Jean-Jacques Rousseau s'écriait avec l'ardeur des nostalgies apaisées : « O nature ! O ma mère ! me voici enfin sous ta seule garde ! » Lamartine implorait l'âme fraternelle de sa terre natale et la sympathie de ses arbres qui sont ses compagnons : « Saules contemporains, versez votre feuillage — sur le frère que vous pleurez. » Alfred de Vigny invoquait autour de la tristesse d'Éva la protection des grands bois pacifiques : « Les grands bois et les champs sont de vastes asiles », et Musset entendra « quand tout est endormi, — quelque chose qui l'aime errer autour de lui ». Ainsi Maurice de Guérin, qui écouta la cantilène romantique, apaisera sa tristesse dans l'amitié de son vallon et sous la majesté de sa forêt de chênes.

Mais tous ces thèmes de la sensibilité romantique n'amènent pas le calme. Ces aspirations sentimentales, d'abord si enivrantes, apportent l'amertume de la déception. La solitude si douce est traversée par les mauvais fantômes. Le rêve, si accueillant, engendre la fièvre du délire. La nature, si hospitalière, apparaît vite avec son air lointain et sa dureté impassible. Et les monstres que nous avons voulu chasser accourent et nous dévorent. C'est pourquoi le désir qui montait vers la paix et vers la lumière s'achève dans la plainte de la dépression. Le *Journal* est rempli du bruit de ces gémissements où retentit la tristesse romantique : « Une masse de ténèbres pèse sur mon âme. » — « Mon âme retombe sur elle-même et se sent saisie d'un affreux dégoût de toutes choses. » — « Je me trouve dans un désert seul avec mes pensées, sans que nul puisse me prêter main forte, contre je ne sais quelle ombre qui rôde autour de moi et qui ressemble au désespoir. »

Dans le désarroi d'une telle détresse, la mort apparaît comme la puissance libératrice. Nous entendons souvent, dans le *Journal*, le murmure de ces appels funèbres. Déjà, dans les premiers émois de son adolescence, à l'âge pourtant où la vie est si riche et oublie si aisément la mort qui passe, il décrit à l'abbé Buquet la tristesse de son accablement. Déjà il dialoguait avec la mélancolie des cyprès, et il recherchait le spectacle des agonies dans les maisons que l'Intruse visite. « J'aimais à aller contempler les scènes de la mort dans les chaumières à la suite du curé de la paroisse. » — « Mon âme, emportant toujours avec elle l'image de la mort, jette sur le monde un voile funèbre. » — « Lorsque, dans mon sommeil, mon âme est livrée à elle-même, elle va errer parmi les tombeaux. »

Ainsi les thèmes des aspirations sentimentales et des inquiétudes intellectuelles, de la rêverie qui dissipe la tristesse et de la solitude qui protège la méditation, de la nature qui accueille la plainte et du désespoir qui fait désirer la mort se font entendre dans le *Journal* comme dans les poèmes romantiques ; mais, parce qu'ils sont murmurés au plus secret des confidents, ils unissent à la sincérité de la plainte le pathétique de la discrétion. « O mon cahier ! mon doux ami, combien j'ai senti que je t'aimais en me dégageant de la multitude. Me voici à toi, quoique la nuit soit bien avancée et que je sois tout brisé de fatigue, — tout à toi pour te conter mes peines et t'entretenir paisiblement, dans le secret. »

*
* *

Le *Journal* est un poème en prose, et la voix du poète, souvent cadencée en couplets lyriques, module un chant soupiré dans le silence de la chambre et le secret de la solitude. C'est une plainte qui s'exhale, dans la nuit, d'un cœur qui veut rester dans le mystère.

La sobriété et la profondeur de ce chant permettent de signaler la place de notre poète parmi les poètes romantiques. Disons en effet : parmi les poètes romantiques, car il ne convient pas de dire : dans l'École romantique. Il n'y a pas d'École romantique. Par la diversité de ses manifestations, le romantisme échappe à la cohérence d'un système et interdit le groupement d'une École. Le romantisme est une manière personnelle de traduire les émotions de la sensibilité et les aventures de l'imagination. Donc nous avons vu un romantisme monarchique et un romantisme révolutionnaire, un romantisme catholique et un romantisme anticatholique, un romantisme pessimiste et un romantisme optimiste. Ajoutons même qu'il y a un romantisme antiromantique, et M. Pierre Lasserre a dressé contre le romantisme un réquisitoire tout brûlant de verve romantique.

Le poète que le romantisme du Journal évoque devant nous, n'est pas Chateaubriand, dont la mélancolie fastueuse s'enveloppe trop souvent des draperies de la vanité, — ni Byron, dont l'amertume traduit surtout une âme de pamphlétaire en opposant, dans le plus orgueilleux des contrastes, l'âme de l'Angleterre et l'âme de lord Byron ; — ni Lamartine, dont le désenchantement fut une crise passagère, puisque nous entendons, après la plainte des *Méditations*, les appels triomphants des *Harmonies* et les exaltations des *Recueillements* ; — ni Alfred de Musset, qui nous offre, dans le triomphe de la grâce, l'âme légère et charmante de ce gamin de génie « plus étourdi qu'un page amoureux d'une fée, sur son chapeau cassé jouant du tambourin. »

La pensée de Maurice de Guérin s'apparente

surtout à celle d'Alfred de Vigny, l'auteur de *Stello* et de *Chatterton*, — de *Stello*, ce beau roman philosophique où sont étudiées les antinomies de l'âme poétique et de la vie sociale ; — de *Chatterton*, le plus émouvant des drames romantiques puisqu'il traduit le mal romantique avec la sobriété de l'art racinien. Sainte-Beuve et George Sand soutenaient que Maurice de Guérin est un frère de Werther, de René et d'Obermann. Nous dirons avec plus de précision qu'il est un compagnon de Stello et de Chatterton, en montrant que le *Journal* est l'analyse psychologique du mal dont souffre et meurt Chatterton, et que le drame de *Chatterton* est la mise en scène dramatique du mal dont souffre et mourra Maurice de Guérin. Ainsi le *Journal* va justifier le drame et le drame ratifiera le *Journal*. Justification lumineuse et ratification éclatante, car nos commentaires peuvent s'égarer, mais l'accord de ces deux âmes qui ne se connaissaient pas et la consonance de ces deux voix qui chantaient l'une et l'autre dans une solitude séparée et lointaine aboutiront à la décision de la certitude. L'art et la vie se prêteront l'appui nécessaire. L'art trouvera le support d'airain de la vie ressentie. La vie se présentera avec le prestige de l'art.

Le *Journal*, écrit de 1832 à 1835, est l'illustration anticipée de *Chatterton* représenté en 1835.

Vigny déclare qu'il a voulu étudier « une blessure de l'âme ». Il ajoute qu'il oubliera les incidents particuliers de la vie de Chatterton pour exposer sur la scène « un exemple à jamais déplorable d'une noble misère ». Donc le héros du drame n'est pas le personnage prétentieux et médiocre que l'érudition nous fait connaître. Gardons-nous de voir en lui ce désespéré de 18 ans, qui désespère de la vie avant d'avoir vécu, — cet adolescent frénétique et un peu pressé qu'irritent les difficultés de la vie et les lenteurs de la gloire. Chatterton est un personnage symbolique. L'action est la peinture de la vie intérieure du poète, la mise en scène de sa misère et de sa grandeur, le conflit de l'âme entraînée par le songe et de la réalité toujours décevante. Le dénouement sera la défaite inévitable du Rêve devant la Vie.

Cette idée philosophique, qui a engendré le drame, est exprimée dans la Préface avec une force émouvante. Or le *Journal* va nous offrir, par la convergence de ses aveux, le commentaire le plus sincère de cette pensée directrice.

Vigny déclare : « L'émotion est née avec lui si profonde et si intime qu'elle l'a plongé dès l'enfance dans des extases involontaires, dans des rêveries interminables, dans des inventions infinies. » Ce poète, qui se complaît dans les ivresses de la rêverie et les ardeurs de l'extase, c'est Maurice, l'enfant « imaginatif et rêveur » qui s'attardait devant la majesté du chêne et sous le feuillage de l'amandier.

Vigny cherche la cause de ces enthousiasmes

qui s'achèvent toujours dans la déception et dans la fadeur. « L'imagination le possède par-dessus tout, et cette imagination emporte ses facultés vers le ciel aussi irrésistiblement que le ballon enlève la nacelle. Au moindre choc, elle part ; au plus petit souffle, elle vole et ne cesse d'errer dans l'espace qui n'a pas de routes humaines. Fuite sublime vers des mondes inconnus, vous devenez l'habitude invincible de son âme ! » Dans le *Journal*, nous trouvons souvent l'aveu de ces départs soudains dans la région de l'imaginaire et les hallucinations du fantastique. Départs enivrants vers l'insaisissable ! Enchantement passager comme le parfum qui passe ! Ardeurs brèves de l'exaltation qui sombrent vite dans les conflits du rêve et de la vie : « Ma vie intérieure ressemble assez à ce cercle de l'*Enfer* du Dante, où une foule d'âmes se précipitent à la suite d'un étendard emporté rapidement. La multitude de mes pensées, foule agile et tumultueuse, sans bruit, comme les ombres, s'emporte sans repos vers un signe fatal, une forme ondoyante et lumineuse, d'un irrésistible attrait, qui fuit avec la vitesse des apparences incréées... Comme un enfant en voyage, mon esprit sourit sans cesse à de belles régions qu'il voit en lui-même et qu'il ne verra jamais ailleurs. » (10 décembre 1834).

La Préface de *Chatterton* développe les effets de cette lente consomption. « Dès lors plus de rapports avec les hommes qui ne soient altérés et rompus sur quelques points. Sa sensibilité est devenue trop vive ; ce qui ne fait qu'effleurer les autres le blesse jusqu'au sang ; les affections et les tendresses de sa vie sont écrasantes et disproportionnées. » Le *Journal* confirme cette peinture, en nous offran des aveux toujours renouvelés sur cette sensibilité qui se dévore elle-même — sur cette puissance de souffrir toujours avivée par la malice des hommes, — sur ce terrible pouvoir de la tendresse qui multiplie les formes de son tourment et se gaspille en vaines meurtrissures. Écoutons cette plainte d'une âme qui se crucifie elle-même en s'offrant sans cesse à des douleurs disproportionnées : « Ce qui me fait désespérer de moi, c'est l'intensité de mes souffrances pour de petits sujets et l'emploi toujours mal entendu et aveugle de mes forces morales. J'use quelquefois à rouler des grains de sable une énergie propre à pousser un rocher jusqu'au sommet des montagnes. Je supporterais mieux des fardeaux énormes que cette poussière légère et presque impalpable qui s'attache à moi. Je péris chaque jour secrètement : ma vie s'échappe par des piqûres invisibles » (22 juin 1835).

Les aveux de la Préface sont de plus en plus émouvants : « Les dégoûts, les froissements et les résistances de la société humaine le jettent dans des abattements profonds, dans de noires agitations, dans des désolations insurmontables... De la sorte, il se tait, s'éloigne, se retourne sur lui-même et s'y

retourne comme dans un cachot. » Le *Journal*
est la peinture de ce désarroi où se défait une âme
chagrine. Nous plaignons cet adolescent dont la
tendresse se froisse et s'agite dans les alarmes.
Nous le voyons errant parmi les pièges des hommes,
comme dans un sentier semé d'épines, et toujours
vacillant sur une terre incertaine. Et, çà et là,
éclatent des prières comme des appels à la force :
le naufragé tend vers le ciel ses mains tremblantes.
« Mon Dieu ! fermez mes yeux. Gardez-moi de voir
toute cette multitude dont la vue soulève en moi
des pensées si amères, si décourageantes. Faites
qu'en la traversant je sois sourd au bruit, inaccessible à ces impressions qui m'accablent quand je
passe parmi la foule ; et pour cela mettez devant mes
yeux une image, une vision des choses que j'aime. »
(1er février 1834).

Donc ce poète si assailli demande à la solitude
le silence nécessaire pour élaborer les créations de sa
vie intérieure. « Là, dit Vigny, dans l'intérieur de sa
tête brûlée se forme et s'accroît quelque chose de
pareil à un volcan. Le feu couve sourdement et
lentement dans ce cratère et laisse échapper ses
laves harmonieuses... Mais le jour de l'éruption,
le sait-il ? On dirait qu'il assiste en étranger à ce qui
se passe en lui-même, tant cela est imprévu et
céleste ! Il marche consumé par des ardeurs secrètes
et des langueurs inexplicables. » C'est le mystère et
l'éclat de la vie poétique : voici d'abord son incu-

bation sourde et lente, et ses recherches douloureuses, et ses pas heurtés dans la nuit ; puis sa marche
plus sûre dans le jour qui monte ; enfin l'illumination de la pensée qui rayonne dans les sommets de
l'Inspiration, de l'Inspiration conquise par le labeur
et par la souffrance. Description chargée de sens,
et révélatrice de ce qu'il y a de minutieux et de
puissant, de contenu et de déchaîné dans les créations géniales ! Cette peinture idéale de la vie poétique, Maurice va la réaliser dans cette page admirable qu'il n'a pas conçue dans une course effrénée
sur le cheval de Mazeppa ou dans un vol hardi
vers les cieux sur l'aile de Ganymède, mais qu'il a
écrite, dans la sincérité de la solitude, sous le regard
de son âme. « Depuis quelques jours, mon esprit
est saisi d'une inquiète et ardente mobilité qui le
fait aller et venir de l'un à l'autre pôle, qui ne le
laisse plus se poser et s'asseoir au centre d'un ordre
d'idées ou de croyances, mais l'emporte rapidement
de région en région et l'incline en passant sur tous
les abîmes. Je goûte une étrange volupté à sentir
mon âme enlevée comme ce prophète qu'un ange
emporta par les cheveux, et traversant d'une effroyable
vitesse d'immenses étendues. Mais que me revient-il
de ces voyages effrénés ? Lassitude, éblouissement,
surcroît de vertige, et pourtant, au fond de tout cela,
un bien-aise secret de l'amour-propre qui s'applau-
dit du brûlant voyage et irrite sourdement la passion
naissante de mon âme pour ces périlleuses aventures.

A la campagne, durant les molles journées, le ravis-
seur venait aussi prendre mon âme ; ils s'en allaient
bien loin tous les deux, mais d'un vol plus tempéré
et par des contrées plus sereines bien qu'aussi
vagues et ondoyantes. » (9 septembre 1834). Ce que
Vigny nous présente comme la vie idéale du poète,
Maurice l'a donc ressenti dans l'enchantement et
le vertige de ces éblouissements. Le *Journal* jus-
tifie le drame et le drame ratifie le *Journal*.

Mais ces extases et ces rêveries, ces éblouissements
et ces lassitudes, ces dilatations et ces resserrements,
ce labeur obstiné dans la solitude de la nuit et cette
exaltation soudaine dans la lumière, quelle existence
glorieuse et chargée de tourments ! Qui supporterait
longtemps ce délire ? Donc, le poète, déchiré par
tant de sublime, ressemble à un malade épuisé
par un mal mystérieux. Et Alfred de Vigny, avec
l'autorité du médecin qui signale le danger de cette
sensibilité trop brûlante, prononce le mot décisif :
« Il va comme un malade, et ne sait où il va. » —
Les confidences du Cahier Vert garantissent la
lucidité de ce diagnostic : « L'aigreur d'une existence
profondément altérée par mille poisons intérieurs :
telle est l'unique saveur de mes jours. » (24 mars 1835).

A la fin de cette peinture clairvoyante et terrible,
où le génie du poète est montré d'abord dans le
rayonnement de la vie créatrice, ensuite dans l'agitation de la fièvre et la douleur de l'accablement,
Alfred de Vigny s'écrie : « Voilà le poète. Celui-là

est retranché dès qu'il se montre : toutes vos larmes, toute votre pitié pour lui ! » — Après le commentaire fourni par les aveux du *Journal*, nous avons le droit d'ajouter : Ce poète, c'est Maurice de Guérin. Toutes nos larmes, toute notre pitié pour le génie ravagé par sa puissance !

C'est pourquoi en lisant le drame de Vigny, nous voyons surgir la figure pensive de Maurice, et lorsque Chatterton nous dira sa plainte, nous croirons entendre l'écho des confidences du *Journal*.

Est-ce Chatterton, est-ce Maurice de Guérin qui définit ainsi le caractère sacré de son travail dans la mansarde où il abrite sa misère et sa volonté d'espérance : « N'ai-je pas quelque droit à l'amour de mes frères, moi qui cherche avec tant de fatigue quelques fleurs de poésie dont je puisse extraire un parfum durable ?... Si vous saviez mes travaux ! J'ai fait de ma chambre la cellule d'un cloître ; j'ai béni et sanctifié ma vie et ma pensée ; j'ai raccourci ma vue et j'ai éteint devant mes yeux les lumières de notre âge ; j'ai fait mon cœur plus simple, et ma Muse, je l'ai placée dans une châsse, comme une sainte. » (*Chatt.*, I, 5.)

Est-ce Chatterton, est-ce Maurice de Guérin qui parle ainsi de son corps épuisé par la fièvre, et de la meurtrissure du songe sur ce corps languissant. « Ce corps, dévoré dès l'enfance par les ardeurs de mes veilles, est trop faible pour les rudes travaux. Et d'ailleurs, eussé-je les forces d'Hercule, je trouverais toujours entre moi et mon ouvrage l'ennemie fatale née avec moi, la fée malfaisante trouvée sans doute dans mon berceau, la Poésie. Elle se met partout ; elle me donne et m'ôte tout ; elle charme et détruit toute chose pour moi ; elle m'a sauvé... elle m'a perdu ! » (*Chatt.*, I, 5).

Est-ce Chatterton, est-ce Maurice de Guérin qui, dans la détresse des heures noires, se plaint de voir la nature elle-même — la nature qu'il a tant aimée ! — s'assombrir sous la torpeur du voile mélancolique. « Pauvre enfant, la nature est morte devant tes yeux ! » (*Chatt.*, II, 1).

Enfin lorsque le Quaker, qui représente la pensée même de Vigny, encourage et pleure à la fois ce grand et malheureux Chatterton, nous croyons entendre les paroles d'objurgation et de redressement qui sillonnent çà et là les pages désolées du *Journal*. C'est Guérin qui médite devant Guérin qui souffre, Guérin qui signale la cause de son mal devant Guérin qui succombe sous ce mal même, Guérin qui veut se redresser vers la vaillance devant Maurice qui va sombrer dans le désespoir. « L'Inspiration t'a marqué de son caractère fatal. Je ne te blâme pas, mon enfant, mais je te pleure ! » — « Les hommes sont divisés en deux partis : martyrs et bourreaux. Tu seras toujours martyr ! » — « Ami, je t'aime parce que je devine que le monde te hait. Une âme contemplative est à charge aux désœuvrés remuants qui couvrent la terre : l'imagination et le recueillement sont deux maladies dont personne n'a pitié. » Enfin est prononcé le mot terrible, le mot décisif, le mot qui débride la plaie et découvre le germe de l'empoisonnement : « En toi, la rêverie continuelle a tué l'action ». (Act. I, sc. 5.)

Semblable à Chatterton, Maurice de Guérin a été le martyr de sa noblesse et la proie de son plus beau songe. Le poète est une âme guérinienne qui trouve dans sa misère la rançon de sa grandeur.

Dans le précédent chapitre, nous avons laissé Maurice enfant dans la paix de son Cayla. Nous avons vu que ce compagnon des Sylvains et des Hamadryades mêlait harmonieusement, dans son imagination de poète primitif, l'image des anges gargiens qu'il invoque dans sa prière matinale et l'image des nymphes qui surgissent, dans un paysage de songe, le long des prairies. Nous l'avons montré glorifiant, dans une sonate magnifique, la splendeur de l'harmonie des sphères dans le retentissement des espaces. Et il nous a semblé entendre un jeune Grec des anciens âges, épanoui dans la joie de l'aube et fier de répandre sa force et sa flamme sur la beauté fraîche du monde. — Maintenant un autre enfant, qui lui ressemble pourtant comme un frère, se dresse devant nous : c'est un enfant qui s'effarouche, un enfant chargé de langueur et porté à la plainte, un malheureux qui se meurtrit dans la fièvre, comme s'il pliait sous le poids d'une âme insatiable et pascalienne.

Tantôt nous assistions à l'enfance d'un poète déchaîné dans un beau délire, et porté à une vie d'enchantement, dans l'amitié des Muses et la confidence de Diane et d'Apollon. — Maintenant nous trouvons un adolescent fatigué et « pleurant son antique ardeur », qui écoute la cantilène romantique parce qu'il est blessé du mal de Chatterton. Quel contraste entre le Centaure qui s'enivrait dans le déploiement de sa puissance, et ce Centaure qui s'épuise dans le sentiment de sa mutilation ! Quelle œuvre étrange et déchirée sortira de cette inspiration attirée vers la grandeur et retenue par le désespoir ! Et quelle leçon de sagesse, de mesure et de discipline se dégagera de cette œuvre qui nous offre le conflit de l'exaltation et de la détresse !

CHAPITRE V

LES CAUSES ET LES RAVAGES DE LA MÉLANCOLIE GUÉRINIENNE

Le poème lyrique déroulé dans le *Journal* nous fait entendre la mélopée continue de la mélancolie guérinienne. Pour saisir les caractères de cette souffrance obstinée, nous analyserons les causes de cet accablement. Parmi ces causes, les unes sont générales et s'appliquent à tous les romantiques. Les autres sont particulières et définissent plus précisément la sensibilité de Maurice de Guérin. Nous indiquerons les premières et nous insisterons, comme il convient, sur les secondes.

****

Les causes générales sont littéraires et historiques. Elles sont littéraires quand elles traduisent l'action des livres. Elles sont historiques quand elles manifestent l'action des mœurs. Ces influences diffuses et inévitables déterminent le caractère d'une époque et l'esprit d'une génération. Tantôt proclamées, tantôt invisibles et d'autant plus puissantes, elles s'insinuent partout et renversent les plus solides barrières : c'est ainsi qu'elles pénètrent dans la solitude du Cayla et dans le petit séminaire de l'Esquile, dans la cour des grands du collège Stanislas et sous les ombrages de La Chênaie, où passait le bruit d'orage du vent romantique quand retentissait la grande voix mennaisienne.

Maurice de Guérin ne s'est pas dérobé à l'action de ces causes victorieuses. Parce qu'il les a subies, il a pu réaliser, avec une sincérité émouvante, le type du héros des romantiques. Ce héros se distingue, par des traits accusés, du héros classique et cornélien. Le héros de Corneille et de Descartes apparaît avec une admirable santé morale, parce qu'il possède une sensibilité disciplinée, une raison ordonnée, une volonté organisatrice. Au contraire l'âme du romantique est incertaine et troublée, parce qu'elle est complexe et contradictoire. Elle est contradictoire et complexe, puisqu'elle est incapable de dominer son tumulte. Elle ne sait pas se maîtriser, car elle désobéit à la loi souveraine de l'ordre. Le romantisme — dans les œuvres du moins qui précèdent le redressement — est l'exaltation dans l'indiscipline et la dépression dans le désarroi.

C'est pourquoi le héros des romantiques est, tour à tour, un ardent qui aspire et un fatigué qui renonce, — un ambitieux qui se révolte et un mélancolique qui se plaint, — un Centaure dont le désir s'égale à l'élan du monde et un Chatterton qui trouve dans la mort la fin de son désespoir.

Le héros des romantiques est la proie de ses tendances incohérentes, parce qu'il est la victime de ses origines contrastées. La diversité de ses sources explique son trouble intérieur. Depuis la fin du XVIIIe siècle, la sensibilité littéraire de la France a été soumise à un surmenage effrayant, et l'âme française a entendu les plus discordantes paroles, puisque les appels à la gloire se mêlent aux lamentations sur la vanité du désir.

Voici les inspirateurs de l'ambition et de la révolte, Figaro et lord Byron. Le Figaro de Beaumarchais — non pas le Figaro du *Barbier de Séville* qui n'est encore qu'un Scapin, mais le Figaro du *Mariage* — est bien le précurseur de ces ambitieux dont les drames et les romans exalteront les audaces. Avec son insolence de valet révolutionnaire, il répand à tous les échos la protestation de ses rancunes. Il revendique les droits du mérite personnel et il se dresse en justicier contre les injustices sociales. Il traduit les menaces de l'individualisme romantique, car ce fils du hasard veut être l'ordonnateur de son destin. Ne soyons pas étonnés si le bruit du monologue de Figaro retentit sur le théâtre et dans le cœur de ces Centaures déchaînés à travers le monde dans les ardeurs d'une âme effrénée qui ne dirige pas ses désirs. — A son tour, lord Byron, ce Figaro lyrique, jette contre l'hypocrisie humaine un défi si farouche que le chant byronien est devenu le chant de révolte des indomptables fiertés. Une âme nouvelle, soulevée par l'ironie de Figaro et la colère de Byron, surgit parmi les hommes et proclame des exigences si audacieuses que la gloire et l'amour ne pourront pas les assouvir.

Après les ambitieux qui n'acceptent pas le frein des limites, voici le cortège de ceux qui renoncent : Werther et René, Obermann et le Lamartine des *Méditations*. Ils ont trop aspiré vers l'insaisissable et ils se lamentent dans la défaite. Ils se sont attardés dans le sortilège du songe, et ils s'épuisent dans la fièvre et la dépression. « J'ai trop vu, trop aimé, trop senti dans ma vie. »

Mais les uns et les autres, les révoltés et les élégiaques, aboutissent à la mélancolie qui est la rançon des aspirations indisciplinées et la punition du désir qui se croit infatigable. D'abord ils semblent différents et séparés, mais ils se rapprochent dans une égale amertume, ici plus arrogante, là plus désespérée. La révolte est une mélancolie qui s'exaspère et la mélancolie est une révolte qui n'aboutit pas.

Dans les effusions des personnages romantiques, nous entendons, avec les différences inévitables dans le ton et dans la manière, le murmure des ambitions byroniennes et le prolongement des plaintes de René et d'Obermann. De même, dans l'œuvre guérinienne, nous signalerons l'exaltation de l'orgueil dans le déploiement d'une force qui se croit toute puissante, et les défaillances d'une volonté qui ne peut pas réaliser son espoir.

Ces influences littéraires sont fortifiées par l'action des causes historiques. Trois grands faits expliquent les tendances de la sensibilité romantique et vont s'inscrire, par leurs effets douloureux ou redressants, sur l'œuvre de Maurice de Guérin. La Révolution de 1789, en réalisant le rêve de Figaro, préside à l'éveil de tous les désirs : c'est pourquoi l'âme romantique veut se déployer dans la gloire. Les guerres de l'Empire, en répandant à travers l'Europe le triomphe du nom français, ont exalté la sensibilité française : donc la sensibilité romantique est avide d'émotions fortes et rares. Enfin l'apparition de Napoléon, en dressant devant les yeux éblouis une figure de légende, a placé devant l'imagination un idéal de grandeur où la réalité est sculptée par la chimère : ainsi les Antony et les Ruy Blas, les Rastignac et les Julien Sorel voudront connaître les ivresses de la force, et le Centaure de Maurice de Guérin, qui fait retentir le roulement de ses pas dans le silence de son vallon, aura je ne sais quelle allure napoléonienne.

Mais, par une contre-partie inévitable, ces grands faits constructeurs de l'Histoire, ont déposé au fond des cœurs autant d'amertumes que d'espérances, car ces déploiements d'énergie amènent bientôt la fadeur et l'épuisement. Tout se paye, et les victoires sont plus difficiles à supporter que les défaites.

Donc ces personnages si glorieux, qui surgissent d'abord dans l'éclat de leur panache et s'abandonnent aux frénésies de tous les espoirs, paraîtront vite des mélancoliques qui se plaignent et des fatigués qui abdiquent. De même, dans le Cahier Vert, nous saisissons ces mouvements si émouvants de l'ardeur à l'inquiétude, de l'enthousiasme au désespoir : c'est l'âme romantique égarée dans tous les vertiges.

Ces causes générales, qu'il a suffi d'indiquer, expliquent les caractères principaux de la sensibilité romantique, mais ne font pas comprendre le pathétique singulier de la tristesse guérinienne. Il faut aller aux sentiments où l'âme s'abreuve dans le silence, aux désirs où l'âme s'exalte dans le secret de la solitude, à cette région sacrée des sources où ne pénètrent pas les conventions des gestes contemporains. Alors nous apprenons que cette mélancolie est entretenue par le trouble qu'amènent le sentiment de l'infini, l'amour passionné de la nature et l'esprit d'analyse.

* * *

Le mal de l'Infini, qui a exalté et troublé l'âme moderne, n'a pas agité la sérénité des anciens.

Pour un moderne, l'infini est le caractère éminent du divin. Pour un ancien, l'infini est le caractère incertain de l'inachevé.

Pour Pascal, l'infini est le parfait, l'Être souverain qui échappe à toute limite et déborde le plan de la raison humaine. Pour Aristote, l'infini (τὸ ἄπειρον) est l'indéterminé, le chaotique, la forme mouvante qui n'a pas subi l'empreinte de l'ordre, de la loi, de la mesure, de la raison.

Pour un moderne, le sentiment de l'infini est l'apanage de l'homme et le témoignage de sa grandeur, puisqu'il élève l'homme au-dessus de l'homme dans l'aspiration de l'infini qui est l'aspiration du divin. Pour un ancien, le sentiment de l'infini est une manifestation de faiblesse et un aveu d'impuissance, puisqu'il retient la pensée dans le désordre et l'incertitude.

C'est pourquoi un moderne, un Pascal, un Malebranche, un Maine de Biran tend vers ce parfait, si lointain et éternellement désirable, le geste implorateur de ses mains tremblantes ; mais un Grec dédaigne cet infini que la raison humaine n'a pas encore élevé à la puissance de l'ordre et à l'éclat de la beauté.

Qu'il est aisé de comprendre pourquoi l'art moderne, traversé par le tourment, nous offre toutes les images du pathétique, — et pourquoi l'art grec, qui associe l'ordre à la grandeur et la mesure à la puissance, nous donne les plus beaux exemples de force et de sérénité !

Quelle est l'origine de ce sentiment de l'Infini qui agite l'âme moderne et qui a meurtri d'une meur-

trissure incurable l'âme de Maurice de Guérin ?
Ici la pensée philosophique doit écouter les ordres
du sentiment. Si la critique littéraire est amenée
sur le terrain religieux où l'on aboutit toujours
dans l'examen des questions suprêmes, elle doit aller
jusqu'au bout de son pouvoir, c'est-à-dire de sa
méditation. D'ailleurs il est facile de garder, dans
ces hautes régions, le calme nécessaire, car il suffit
de comprendre la grandeur des problèmes pour être
sûr, sinon de les résoudre avec exactitude, du moins
de les examiner avec la gravité du respect.

La source de la mélancolie moderne est dans l'enseignement du Christ. Le Christ est venu dire aux
hommes : Rentrez en vous-mêmes et vous trouverez
Dieu. Dieu le Père vit dans vos âmes. Priez Dieu
et vous vous unirez à Dieu. La prière est la fusion
de l'âme dans l'âme infinie de Dieu. — Dès lors une
source intarissable a jailli de l'âme des hommes :
la source du sentiment de l'Infini. Enrichissement
incomparable et dilatation prodigieuse ! Exaltation
qui a été si féconde, dans le domaine de la morale
et de l'art, qu'elle n'a pas été payée trop cher par la
mélancolie qu'elle a déchaînée !

Cette source nouvelle, qui a créé tant de sublime,
a répandu le torrent de la mélancolie moderne.
Méditons le sens de cette parole solennelle : la
prière est la fusion de l'âme dans l'âme infinie de
Dieu. Parole divine qu'un esprit chargé de divin
pouvait seul faire entendre ! Parole pacificatrice

qui apporte aux croyants la joie des certitudes ! Tant que la croyance est sereine, tant que la prière apporte la réponse consolatrice, tant que notre âme épuisée trouve dans le Dieu qu'elle invoque l'appui qui la maintient debout, alors la victoire est tranquille et le secours qui envahit l'âme et le sentiment de l'infini qui la soulève l'arrachent aisément à l'inquiétude et à la fatigue. Que valent en effet nos souffrances les plus douloureuses quand elles sont purifiées, dans cette vision de l'Infini, par le Dieu de justice et de miséricorde ? Notre brièveté si anxieuse s'épanouit dans cette puissance souveraine, et notre fini qui se désespère participe soudain à cet infini de lumière et de vérité. Mais quand la foi se trouble dans les angoisses de la croyance incertaine, quand le Dieu que l'on prie ne répond pas, quand la fusion si désirée ne s'achève pas, quand l'âme de l'homme qui s'est ouverte pour recevoir l'infini se referme sur sa misère, quelle déception après tant de promesses ! quel vide après tant d'illusions et tant de désirs ! L'âme antique n'a pas été emportée dans cette immense espérance qui a traversé la terre, et, si elle n'a pas connu les triomphes de la sainteté, elle a ignoré le pathétique de l'incroyance et les troubles de la conscience affamée et inassouvie. Elle a été moins profonde, mais elle a été moins agitée, et la vie présente n'a pas été assombrie par la pensée de l'au delà et la méditation obstinée de la mort. La mélancolie moderne est le malaise qui s'insinue dans l'âme quand le désir de l'infini n'est plus soutenu par l'ardeur de la foi. C'est la sécheresse répandue dans le désert du cœur, quand les eaux qui le fécondaient sont taries. C'est le gouffre creusé dans l'esprit par le départ des croyances mortes. Le mélancolique est presque toujours un chrétien qui ne croit plus, — un exilé qui ne peut plus rentrer dans la patrie de ses pères, — un naufragé qui voit s'éloigner le navire où il avait déposé ses plus beaux espoirs.

Les aveux de Maurice de Guérin justifient ce commentaire, en nous apportant les causes de sa confiance, de son trouble et de son désespoir. Quand il s'appuie sur le Dieu de ses ancêtres, sa mélancolie s'apaise et il prononce les paroles de l'espérance. « Mon Dieu, pourquoi nous plaignons-nous de notre isolement ? Il n'y a pas d'isolement pour qui sait prendre sa place dans l'harmonie universelle et ouvrir son âme à toutes les impressions de cette harmonie. Alors on va jusqu'à sentir presque physiquement que l'on vit de Dieu et en Dieu. » (21 mars 1833). Ici le poète mêle sa vision de Dieu et sa vision du monde, et il éprouve avec la joie de la plénitude le sentiment de l'Infini. Mais, quand la croyance se trouble, il s'agite dans sa solitude et il tâtonne dans les ténèbres. « Il se révèle au fond de mon âme une sorte de désespoir tout à fait étrange : c'est comme le délaissement et les ténèbres hors de Dieu. Mon Dieu ! comment se fait-il que la paix

de mon âme soit livrée au caprice des vents ? C'est
que ma volonté n'est pas unie à la vôtre, et, comme
il n'y a pas autre chose où elle puisse se prendre,
je suis devenu le jouet de tout ce qui souffle sur la
terre. » (1er mai 1833). Enfin quand la croyance l'abandonne, il se sent en détresse, et il cherche autour
de lui, avec l'égarement des aveugles qui regardent
et ne voient plus. « Quel est le vrai Dieu ? Le Dieu
des cités ou celui des déserts ? L'homme des cités,
se rit des rêves écartés des solitaires ; ceux-ci s'applaudissent de leur séparation et de se trouver,
comme les îles du grand océan, loin des continents
et baignés par des flots inconnus. Les plus à
plaindre sont ceux qui, jetés entre ces deux contradictions, tendent les bras de part et d'autre. »
(11 juillet 1835.)

Le *Journal* prend un caractère dramatique
parce qu'il traduit le conflit de l'espérance et de
l'anxiété. La mélancolie guérinienne est l'expression de cette croyance affaiblie et du doute qui la
menace. On entend la plainte d'une âme que l'Infini
attire et qui est de moins en moins sûre d'apaiser son
tourment.

Par l'abondance et la précision de ses aveux,
Maurice de Guérin nous montre que ce sentiment
de l'Infini est chargé d'une terrible magnificence.
Il apporte à l'esprit l'enivrement des grandes aspirations ; mais il ne peut être supporté que s'il trouve
en nos âmes une force divine capable de le soutenir.

Si cette force manque, l'abîme s'entr'ouvre et notre
sécurité s'engloutit.

Pascal l'a compris, parce qu'il fut à la fois l'esprit
le plus tourmenté et l'âme la plus enivrée de certitude. Pascal l'a proclamé, pour nous apprendre que
les ambitions sans mesure ne peuvent être guéries
ou disciplinées que par la présence de Dieu. Donc
il semble avoir prévu la mélancolie moderne, le
jour où il a prononcé cette parole : « Le gouffre de
l'infini ne peut être rempli que par un objet infini
et immuable, c'est-à-dire par Dieu même. » Aveu
émouvant, qui traduit le trouble enfin apaisé d'une
grande âme mélancolique ! Quand Pascal disait :
« Le silence éternel de ces espaces infinis m'effraie »,
il méditait dans l'effroi de ce silence et il ressentait
cette angoisse qui fait trembler çà et là son livre
qui est le plus beau des drames, — le drame où se
joue le destin de l'humanité. Mais la foi de Pascal
veille sur le trouble de Pascal. Dans l'éternité de
ce silence et l'infini de ces déserts, l'incroyance
humaine tremble et s'étonne, mais Pascal le croyant
se rassérène. Car la pensée de Dieu emplit soudain
l'immensité de ce gouffre, et la grande ombre du
Crucifié traverse les espaces et couvre ces abîmes.
Alors l'esprit de Pascal s'épanouit dans l'extase de
la prière.

Maurice de Guérin n'a pas toujours connu la
certitude pacificatrice dont Pascal a chanté l'ivresse :
de là le caractère de la mélancolie guérinienne qui

n'est pas l'expression d'une fatigue sentimentale, mais l'aveu d'un désarroi intellectuel. La grandeur de la vie morale de Maurice éclate dans la nécessité où nous sommes d'expliquer sa souffrance par le tragique de la pensée pascalienne.

***

Pour apaiser ce tourment de l'infini et combler ce gouffre qui se creuse au fond de lui-même, notre poète a demandé à la nature le calme et la force que la foi ne fournissait plus. Mais sa demande était sans doute irréalisable, puisque la nature lui offrit des ivresses passagères sans lui apporter le remède tant souhaité.

Son erreur — qui fut l'erreur des romantiques, — fut de croire qu'il suffit d'aimer la nature d'un amour passionné pour surprendre le secret de son mystère et dégager l'enseignement qu'elle nous donne. Cette erreur sera bientôt dissipée par les réflexions qu'imposera la mort de Marie, mais elle répand sur le *Journal* son effet douloureux et explique l'accent désolé de ses confidences. Montrons dans ce sentiment romantique de la nature l'une des sources de la mélancolie guérinienne, et signalons ce qu'il avait de dangereux et de décevant, car nous ne séparons pas dans le cours de notre labeur, le goût de la vérité et le souci des conclusions morales que la vérité illumine. L'œuvre de la critique serait bien vaine, si les erreurs des maîtres ne servaient pas à éclairer notre marche dans les sentiers de la vie.

Maurice de Guérin a vu d'abord dans la nature une amante belle et farouche qu'il faut assujettir, et il s'est mêlé à la nature comme le malheureux qui cherche l'oubli de sa souffrance dans le délire de l'ivresse et l'exaltation des sens. Délire coupable ! Exaltation hasardeuse ! Cet amant égaré a aimé la nature dans l'enthousiasme déréglé de la passion romantique. Il est allé vers elle avec l'élan de son corps fiévreux, comme s'il était agité par les ardeurs de l'envoûtement. Mais cet amour ne connaît que les fièvres de la passion et ses longues amertumes : il n'apporte pas cette joie profonde, grave et silencieuse, des sentiments créateurs de calme et ordonnateurs d'équilibre.

Laissons-nous guider ici par un guide clairvoyant qui a reçu les confidences de notre poète. Barbey d'Aurevilly, l'ami de Maurice, ne fut pas seulement un écrivain somptueux et trop préoccupé de lui-même : il fut aussi un psychologue d'une lucidité impitoyable et l'on trouverait aisément, dans ses œuvres coquettes et surchargées, la matière d'un livre de maximes qui offrirait tour à tour la vigueur morose d'un La Rochefoucauld et l'ironie étincelante d'un Rivarol. Dans un de ses romans, intitulé *Amaïdée*, il met en scène son ami qu'il appelle Somegod, d'un nom mystérieux et symbolique.

Somegod, le héros qui est presque un dieu, va traduire devant nous l'âme de flamme de Maurice de Guérin. Dans un passage essentiel, qui a l'accent d'une confidence, il définit ainsi son émotion devant la beauté du monde :

« Moi, j'aimai la Nature, et toute ma vie fut dévorée par cette passion ! Je l'aimai avec toutes les phases de vos affections... Ce ne fut d'abord qu'une douce rêverie au sein des campagnes... Je la revis avec des larmes, avec des bonheurs sanglotants et convulsifs... Les hommes les plus éloquents, dans leur culte de la Nature, n'en ont parlé que comme on parlerait de beaux-arts. Ils l'ont admirée, la grande Déesse, la Galatée immortelle, sur son piédestal gigantesque, mais ils n'ont jamais désiré l'en faire tomber pour la voir de plus près ! Ils n'ont jamais désiré clore avec la lave de leurs lèvres la bouche de marbre dédaigneusement entr'ouverte !... Posséder ! crie du fond ténébreux de nous-même une grande voix désolée et implacable. Posséder ! dût-on tout briser de l'idole, tout flétrir et d'elle et de soi ! Mais comment posséder la nature ? A-t-elle des flancs pour qu'on la saisisse ? Dans les choses, y a-t-il un cœur qui réponde au cœur que dessus l'on pourrait briser ? Rochers, mer aux vagues éternelles, forêts où les jours s'engloutissent et dont ils ressortiront demain en aurore ; cieux étoilés, torrents, orages, cimes des monts éblouissantes et mystérieuses, n'ai-je pas tenté cent fois de m'unir à vous ? N'ai-je pas désiré à mourir me fondre en vous, comme vous vous fondez dans l'Immense dont vous semblez vous détacher ?... Souvent je me plongeais dans la mer avec furie, cherchant sous les eaux cette Nature, ce tout adoré. Je mordais le sable des grèves, comme j'avais mordu le flot des mers. La terre ne se révoltait pas plus de ma fureur que n'avait fait l'océan. Autour de moi tout était beau, serein, splendide, immuable ! tout ce que j'aimais, tout ce qui ne serait jamais à moi ! »

Cette page, où s'épanouit une fougue de Centaure, traduit avec un romantisme extravagant la forme romantique du sentiment guérinien de la nature. Le *Journal* nous offre, en effet, dans un vocabulaire aussi surprenant, l'effusion d'un désir aussi déchaîné. « Si l'on pouvait s'identifier au printemps, forcer cette pensée au point de croire aspirer en soi toute la vie, tout l'amour qui fermentent dans la nature, se sentir à la fois fleur, verdure, oiseau, chant, fraîcheur, élasticité, volupté, sérénité. Il y a des moments où, à force de se concentrer dans cette idée et de regarder fixement la nature, on croit éprouver quelque chose comme cela ! » Il veut donc s'unir à la nature dans un hymen profond et silencieux, et cet amour-passion prend le langage de l'amour humain : « J'écartais les branches des bois, des buissons, des fourrés épais, et j'enfonçais ma tête dans l'intérieur pour respirer les sauvages parfums qu'ils recèlent, pénétrer dans leur intimité, et, pour ainsi dire, leur parler dans le cœur. »

Maurice de Guérin a voulu pénétrer dans l'intérieur de la nature, pour lui parler dans le cœur et aspirer ses lointains secrets. Aussi, lorsqu'il est obligé de la quitter, il est « pris de la mélancolie du départ », et il s'abandonne à cet aveu que Barbey d'Aurevilly a dû entendre : « Je me suis séparé de la campagne comme d'une amante et j'avoue que je ne puis m'expliquer l'étonnante ressemblance des tristesses qu'elle m'a laissées avec celles de l'amour ».

Mais cette union est irréalisable, car cet amour soulève un conflit où le cœur de l'homme est toujours vaincu. Tragique opposition d'une force finie qui se tend désespérément et d'une force infinie qui se dérobe toujours dans sa grandeur imprenable ! La douleur de cette tension et de cette défaite s'exprime, dans le *Journal*, avec une poignante amertume. « L'universalité des choses roule ses flots contre un point isolé comme un écueil dans la mer, mon âme perdue dans l'écume et le bruit. Je soutiens l'assaut d'une onde infinie : combien de temps tiendrai-je ferme ? » Cette nature mystérieuse échappe à l'étreinte. L'âme isolée et incertaine n'a répandu que son trouble parmi les beautés du monde. Cet atome a voulu se dilater sur l'univers, et cette dilatation d'abord enivrante s'achève dans le choc sanglant du chimérique. Pauvre atome ballotté sur l'infini de la nature ! Pauvre navire démâté sur une mer sans rivages !

La mélancolie guérinienne fut l'expression de cette recherche décevante et de cette passion condamnée au désespoir : l'infini de la nature ne se laisse pas absorber dans le fini du cœur humain. Donc cette souffrance fut la punition d'une grande erreur. Ne commettons pas la faute de n'admirer dans la nature que ses harmonies et ses charmes. Considérons-la au contraire comme l'aïeule vénérable et chargée de secrets. Respectons-la comme une conseillère énergique qui nous montre, dans l'ascension de la vie vers la lumière, une architecture de lois. Alors l'amour de la nature, dirigé par le savoir, apporte le calme et la force. Car ce désir effréné, qui se heurte toujours à l'inassouvissement, s'apaise dans la conscience de notre faiblesse qui se mesure à tant de majesté. La vue de la nature ainsi contemplée nous fortifie, parce que les joies qu'elle donne s'accompagnent des énergies qu'elle inspire. Sa beauté nous élève, parce qu'elle nous paraît divine, et l'admiration qu'elle mérite engendre les émotions du sentiment religieux. Émotions surhumaines où nos énergies les meilleures trouvent leur accomplissement ! Toutes les ardeurs qui ennoblissent l'âme des hommes commencent par l'exaltation de nos puissances et s'achèvent dans la force, plus exaltante encore, de la prière qui nous place, au delà de nos limites, devant la suprême grandeur. L'Art est une prière, et le véritable sentiment de la nature, qui apporte l'émoi du grand art, nous fait sentir, dans le silence de la prière, la présence de Dieu.

Autrefois, dans le charme et l'élan de la maturité qui se flatte de trouver tous les appuis dans la force humaine, j'ai écrit un livre ardent où je m'inclinais devant les leçons de discipline et de stoïcienne sérénité offertes par la nature. Je demeure fidèle à cette pensée et je déclare, avec une croissante assurance, que la dignité de l'homme est liée à cette nécessité de suivre, dans le frein de nos ambitions chimériques, le rythme universel de la mesure et de l'ordre. Je sais que la nature, qui contient toute la vie, renferme tous les contrastes, mais je crois toujours qu'elle est divine, puisqu'elle aboutit, à travers tant de souffrances, au triomphe de la lumière et de la beauté. Aujourd'hui pourtant je m'assure que cette certitude de plus en plus méditée doit faire surgir l'image inconcevable mais inévitable d'un Dieu créateur, — de ce Dieu qui donne un sens à la douleur, apaise notre tourment devant l'injustice et achève notre admiration de la beauté du monde dans l'amour de celui qui fait lever sur les tombeaux l'espérance.

Ce passage du naturalisme qui se désagrège vite dans le délire du panthéisme au naturalisme qui se construit sous le regard de Dieu, l'expérience de la vie et les leçons de la souffrance l'imposent comme nécessaire à la volonté qui veut vivre en demeurant sereine. Maurice de Guérin le franchira bientôt en écoutant la sagesse de Chiron et il ressentira soudain l'émanation d'un immense soulagement. Alors il comprendra l'une des causes essentielles de sa mélancolie et de ses ravages.

***

Un troisième tourment a multiplié les douleurs de la mélancolie guérinienne. Le poète, entraîné par son cœur amoureux vers la beauté de la nature, s'est perdu, atome fragile et illusoire, dans l'infiniment grand du monde extérieur. Maintenant il va s'égarer dans l'infiniment petit du monde intérieur parce qu'il sera la proie de l'esprit d'analyse le plus dissolvant.

Rien n'est plus fécond que l'analyse quand elle précède la synthèse. Elle apparaît alors comme la condition essentielle de l'ordre, de la lucidité et de la profondeur. Instrument de précision d'une finesse incomparable, elle aide un esprit clair à déterminer ses démarches. Éclatant flambeau tenu par une main ferme !

Mais rien n'est plus meurtrissant que l'analyse, quand elle se déchaîne dans un esprit inquiet et soumis aux alarmes. Flambeau vacillant, qui ne chasse pas les fantômes et leur donne au contraire la lueur sinistre des apparitions hallucinatoires !

Le mal de l'analyse est un mal redoutable. Dans ce travail acharné de notation minutieuse, le bond de l'élan s'amortit et la grâce de la fraîcheur se dessèche. Alors l'esprit s'épuise et l'âme se dévore. C'est le mal des consciences tremblantes et sans cesse accablées par le mauvais scrupule — car il y a le scrupule régénérateur qui manifeste une conscience exigeante, et le scrupule morbide qui est l'aveu d'un cœur inhabile aux décisions. Ce fut le mal de ceux qui méritent le reproche de Bossuet : « Être trop scrupuleux est une faiblesse », — le mal d'Hamlet qui mène à l'inertie la clarté de l'esprit et la volonté de l'action, — le mal de Joubert qui mutila, dans ce labeur crépusculaire, la puissance de son génie platonicien, — le mal de Maine de Biran, avant la découverte de la philosophie volontaire et l'énergie du sentiment religieux, — le mal d'Henri-Frédéric Amiel qui se tourmente dans le désir de la force et le chagrin de son indécision pathétique.

Maurice de Guérin n'a pas ignoré les resserrements et les brûlures de l'esprit d'analyse. Son *Journal* est la manifestation d'un mal qui va grandissant. D'abord il affaiblit, ensuite il tourmente, enfin il semble dévaster un génie marqué pour la grandeur. Assistons à la marche et à la victoire de cette puissance dévoratrice.

Dès 1828, à 18 ans, il écrit à l'abbé Buquet : « Il n'est presque pas de moment de la journée qui ne m'apporte une souffrance produite par l'anxiété et le tremblement d'un esprit sans cesse alarmé ». Ainsi, à l'âge des charmants abandons, cet enfant envahi par le scrupule se surveille et se scrute et se fatigue sous cette surveillance obstinée.

22 mars 1832. « Mon élément craintif, inquiet, analytique est trop vivace pour me laisser jamais en repos. » Il n'est jamais en repos, car l'analyse poursuit son mouvement infatigable, comme un rouage qui tourne dans l'inutile tournoiement du vide. Mais ici l'agitation redoutable surmène un cœur qui aspire au calme.

10 juin 1834. « Je me mords comme le scorpion dans le brasier pour en finir plus vite. » Image douloureuse et juste ! L'âme qui s'analyse sans cesse se meurtrit dans la torture des macérations. Sa vie est un suicide lent et sûr. Elle se désagrège sous l'action de cette vrille impitoyable qui taraude le cœur d'une morsure éternelle.

26 août 1834. « Mon âme se contracte et se roule sur elle-même comme une feuille que le froid a touchée : elle se retire sur son propre centre : elle abandonne toutes les positions d'où elle contemplait. » C'est un chef d'armée, vacillant sur la ligne des sommets, qui renonce à l'effort et à la bataille. Ainsi, à force de se contracter et de se tourmenter dans ce repliement, cette âme se mutile elle-même. Dans son désarroi, elle délaisse le gouvernail et

tâtonne dans les ténèbres. Elle ne connaît plus le plaisir souverain des larges perspectives, cette joie des synthèses qui est la récompense des pensées robustes. Sa vie est une série de dilatations où elle s'égare et de resserrements où elle semble se supprimer. Et ces mouvements passionnés et contradictoires la débilitent jusqu'à l'épuisement. « Je connais peu d'accidents intérieurs aussi redoutables que ce resserrement subit de l'être après une extrême dilatation. »

Alors la nature qu'il a tant aimée se couvre d'un voile funèbre. Sous la beauté des apparences se révèlent les germes de l'inévitable mort. Le mal de de l'analyse a corrompu et empoisonné le sentiment des beautés naturelles. De là cette pensée sinistre où se révèle tout son malheur. « Je demeure isolé, retranché de toute participation à la vie universelle. Je deviens comme un homme infirme et perclus de tous ses sens, solitaire et excommunié de la nature. » (26 août 1834).

Le martyr de l'analyse retombe dans sa solitude. La nature le délaisse et jette sur son adorateur la parole accablante du désaveu. Alors il sent que sa puissance l'abandonne, que son imagination se flétrit, que le jeu du rêve perd de son charme et que la source où son génie s'alimente se perd dans les sables : « Au refroidissement de mes habitudes d'imagination, je reconnais que la poésie s'est retirée et j'entends sa voix au loin, bien haut, déjà

faible et presque éteinte dans l'éloignement. »
(25 janvier 1835).

En assistant au départ de ses meilleurs compagnons, le poète éprouve la détresse de l'exilé qui voit partir le navire de l'espérance. C'est pourquoi les dernières pages du *Journal* nous font assister au tragique d'une lente agonie morale. Cette pensée mutilée, qui sent encore sa puissance, se montre dans toute la mélancolie du dépérissement. Cet analyste n'a jamais été plus lucide, et ce malade mesure la fièvre qui le dévore, comme Trousseau notait sur lui-même les symptômes du mal meurtrier. « Il y a au fond de moi je ne sais quelles eaux mortes et mortelles comme cet étang profond où périt Stenio le poète. » (12 juin 1835). Et nous, devant ce génie qui s'épuise et nous offre l'horrible spectacle du tarissement, nous pensons, avec la tristesse de l'inconsolable, à tous les chefs-d'œuvre qui nous sont ravis.

Est-il possible d'être plus meurtri et plus malheureux ? Tous ses appuis l'abandonnent. Le sentiment de l'infini devait multiplier sa puissance de souffrir. Pour apaiser sa souffrance, il a voulu se répandre sur l'infiniment grand du monde extérieur. En même temps, il se repliait sur l'infiniment petit de l'analyse intérieure, et il a vécu comme écartelé entre ces tendances contradictoires qui unissaient leurs tortures pour l'amener à la mort. Maurice de Guérin s'est éteint à 29 ans, semblable à ces roseaux des étangs qui dépérissent lentement dans une atmosphère de fièvre. Sans doute il portait dans son corps fragile le germe des morts prématurées ; mais son tourment de l'infini, son amour déréglé de la nature et les alarmes de son esprit d'analyse ont précipité sa fin, car il fut le plus sincère et le plus ravagé des romantiques.

Pourtant, à travers ces aveux de défaite, apparaissent les sursauts de sa vaillance. Le Journal n'est pas seulement l'œuvre d'un élégiaque qui s'abandonne à la plainte. Ce mélancolique se redresse. Ce malade désire faire entendre, avant de mourir, les révélations de cette voix mystérieuse qui retentit au fond de lui-même. Donc il eut la volonté de réaliser son inspiration la plus noble et d'exprimer un génie qui frappe par sa puissance. Cette noblesse et cette puissance qui jaillissent, en ardeurs brûlantes de ce corps épuisé, vont se manifester par des œuvres d'une beauté singulière : la *Méditation sur la mort de Marie*, le poème du *Centaure* et le chant de la *Bacchante*.

Quelle est la force qui lui apporta cette énergie de rafraîchissement ?

CHAPITRE VI

LE REPLIEMENT ET L'EXALTATION DEVANT LA NATURE BRETONNE

A ce jeune homme anxieux, que la mélancolie dévore, la force régénératrice va être apportée par la Bretagne et par Lamennais.

Le tumulte de Paris avait accru, dans le cœur nostalgique de notre poète, le besoin de la solitude et le goût du silence. D'autre part, son esprit agité, qui comprenait de plus en plus la nécessité de la discipline, cherchait une grande âme pour lui confier son secret. Ce cadre pacificateur et cette direction nécessaire, il les trouva dans la terre bretonne auprès de Lamennais, du farouche et secrètement tendre Lamennais, qui avait fondé une sorte d'École Normale, au milieu des bois de La Chênaie, aux environs de Dinan. Là, de décembre 1832 à septembre 1833, il passa neuf mois, dans les joies de l'amitié, de la méditation et de la prière. Ce séjour en Bretagne fut particulièrement fécond. L'esprit de Maurice connut les meilleures exaltations apportées par les beautés de la nature et la puissance de la pensée humaine. Les pages les plus fortes du *Journal* ont été écrites devant ce paysage émouvant et sous le souffle inspirateur d'un grand maître. Il convient donc de déterminer l'influence de la terre bretonne et l'action de Lamennais sur l'œuvre de Maurice de Guérin.

I

La Bretagne enrichit son sentiment de la nature en renouvelant sa puissance d'émerveillement. Maurice est d'abord froissé par l'âpreté de cette nature sauvage. L'enfant du Cayla, qui avait grandi dans la douceur d'un paysage virgilien, se trouble devant la mélancolie de ces « landes épineuses », de ce « ciel toujours nuageux », de ce « grand voile sombre et flottant », et il regrette l'harmonie de sa lumière méridionale.

Mais il se pénètre peu à peu de la poésie de la nature bretonne, et son sens de la nature va s'approfondir. Une âme riche révèle sa richesse par la puissance de ses réactions personnelles contre les forces qui la meurtrissent. Une pensée féconde s'agite et se renouvelle dans le bruit des contrastes. Car les contrastes nous obligent à nous définir : puis ils nous libèrent du joug de l'habitude, et, en étendant nos limites, ils nous disposent aux élans de la création.

Donc, pour assister à cet élargissement du sentiment de la nature, nous n'avons qu'à grouper ses sensations de Bretagne et à justifier ce jugement d'un poète de la nature bretonne : « Les confidences du Cahier Vert contiennent en raccourci toute la verdoyante Bretagne, tantôt épanouie dans la grâce unique de ses printemps, tantôt repliée sur la mélancolie sans égale de ses automnes. Et si quelqu'un me demandait qui, de tous nos écrivains, y compris Chateaubriand et Renan, a le mieux exprimé la physionomie et dégagé l'essence du paysage breton, je répondrais en décernant la palme à Maurice de Guérin ». Ce témoignage d'Anatole Le Braz doit être placé, comme un hommage et une garantie, au début de mon commentaire.

•

Devant cette terre primitive qui garde encore son air vénérable, Maurice a éprouvé le sentiment de la grandeur. Certes il n'ignorait pas les émotions graves et pleines que soulèvent les manifestations solennelles de la nature. Son extase sous le feuillage de l'amandier nous l'a montré en proie au souffle divin qui traverse le monde. Ses méditations sous la majesté des chênes de la garenne du Nord l'ont incliné devant le caractère sacré des forces de la nature. Sa rêverie platonicienne devant les bruits de la nature lui a permis d'écouter, à travers les murmures de son vallon, l'écho de l'harmonie des sphères. Mais ce sentiment va prendre, sur cette terre lointaine, un magnifique épanouissement.

La nature bretonne est empreinte de « majesté », et, dans ces « régions majestueuses », les aventures de l'aube et du crépuscule se déploient avec une « grandeur infinie ». Cette terre, qui révèle la solennité de l'antique, est triste sous le mystère de son brouillard. Or la tristesse d'un paysage lui donne, dans le trouble de l'indéterminé, la beauté pathétique d'une attente toujours provoquée et toujours déçue. Un paysage italien nous plaît par la douceur de ses lignes qui ondulent dans la clarté. Il dispose à la sérénité, en nous offrant le rythme de sa lumière organisatrice. Au contraire, un paysage septentrional, un paysage de brume qui se perd dans le mystère, impose le sentiment douloureux de l'indéfini. Une prairie silencieuse et morne, dans une lumière grise, sous un ciel bas de Bretagne, quelle sensation inépuisable de tristesse lente et grave ! C'est pourquoi un rêve infini traîne sur cette terre de songe.

Maurice a aimé cette tristesse tendrement et passionnément, comme si elle répondait à sa plainte intérieure. Aussi avec quelle ferveur il la décrira ! « Le ciel est tendu de gris et toute la nature se repose dans un calme mélancolique. Un voile immense, immobile, sans le moindre pli, couvre toute la face du ciel. L'horizon porte une couronne de vapeurs bleuâtres. Pas un souffle dans l'air. Tous les bruits qui s'élèvent dans le lointain de la campagne arrivent à l'oreille à la faveur de ce silence : ce sont des chants de laboureur, des voix d'enfants, des piaulements et des refrains d'animaux, et de temps à autre un chien qui aboie je ne sais où et des coqs qui se répondent comme des sentinelles. Au dedans de moi, tout aussi est calme et reposé. Un voile gris et un peu triste s'est étendu sur mon âme, comme ont fait les nuages paisibles sur la nature. Un grand silence s'est établi, et j'entends comme les voix de mille souvenirs doux et touchants, qui s'élèvent dans le lointain du passé et viennent bruire à mon oreille. »

Nous comprenons ainsi pourquoi il a été le peintre de l'automne, de la gloire triste de l'automne, de cette fatigue de l'automne qui se veut encore ardente. Jean Moréas lui-même, qui a tant aimé la mélancolie de novembre, ne l'a pas chantée avec une tendresse plus pathétique. Car la pourpre et l'or de l'automne déploient en Bretagne, sous la menace d'un ciel orageux, une tristesse égale à leur magnificence : « C'est le crépuscule d'automne dans toute sa mélancolie. Les touffes lointaines des bois limitent merveilleusement, par leur panache majestueux et leurs ondulations capricieuses, la portée de la vue. Les arbres qui s'isolent, soit par leur position, soit par la grandeur de leur taille, présentent des physionomies, des caractères, je dirais presque des visages qui semblent exprimer comme les passions muettes et les choses inconnues qui se passent peut-être sous l'écorce de ces êtres immobiles. Ils semblent, avec leurs attitudes et leurs airs de fête, jouer je ne sais quelle scène mystérieuse aux lueurs du soir. Chaque jour, depuis que je suis ici, le crépuscule me donne de ces représentations magnifiques. »

Écoutons, dans la mélancolie d'un paysage d'automne, ce dialogue de deux âmes qui s'accompagne du murmure de la mer. Devant l'ombre de Marie de La Morvonnais qui tout à l'heure surgira devant nous, Maurice de Guérin soupire la plainte de sa tendresse : « Un jour vous me prîtes le long de la mer. L'automne, vers le milieu de son cours, avait encore quelque tiédeur. Nous traversâmes un bois par un sentier oblique d'où s'élevait sous nos pas le parfum amer du dépérissement caché dans les feuilles fraîchement tombées. La plus grande partie des bois était dépouillée. Les branches des têtes sifflaient légèrement, tandis que les rameaux inférieurs, graves, penchés et muets, semblaient écouter. Çà et là, des arbres retenaient encore quelques feuilles dispersées aux extrémités du branchage, mais que leurs articulations sans étreinte et sans vie laissaient tomber, une à une. A travers les feuilles mortes, sous l'abri chaud et fécond des fourrés, des plantes ouvraient à la faible chaleur de ce jour quelques fleurs sans espoir... Cette dernière tentative de production, cet impuissant retour d'une fécondité usée, ces pâles témoignages d'un reste d'amour et de force, le dépouillement des arbres, l'abandon des grèves, la chaleur mourante et l'éclat émoussé du soleil donnaient l'idée d'un printemps mélancolique, — le dernier des printemps, quand la nature caduque fera poindre avec peine un peu de verdure et laissera entrevoir son sourire suprême et défaillant à travers les ombres et le froid d'une éternelle inertie. Vous me dites : « La vie se replie dans le sein de la nature. Les germes, s'étant dispersés et ayant fleuri sur toute la surface, vont se rejoindre et se réchauffer l'un près de l'autre dans l'asile chaleureux et profond qui les attend. » Qui a jamais rendu, avec une gravité plus ardente, la plainte de l'automne, la tendresse de l'automne, et le trouble de son recueillement, et le pathétique de son émoi devant les menaces de la mort ?

Cette nature bretonne, austère et forte, va produire ses nobles effets. Maurice s'agite moins dans le trouble du rêve. Il médite davantage sur la vie de l'humanité. Méditation féconde ! Effet d'élargissement qui va le porter à de hautes affirmations ! Le rêve dissipe et affaiblit, mais la méditation impose à la rêverie les pensées décisives.

La mélancolie de la nature en Bretagne est encore avivée par l'air anxieux de ses étangs. L'étang solitaire, le silence de l'étang dans la solitude, la nostalgie de l'étang dans la solitude et le silence, voilà un des motifs essentiels du paysage breton. Ce n'est pas l'étang méridional qui se pavane dans la lumière et qui mire son azur dans l'azur des cieux. Ce n'est pas l'étang de nos jardins latins, qu'illuminent les ondulations du cygne, roi de l'étang. C'est l'étang breton, avec son air recueilli, et le silence obstiné de son onde sous la menace du ciel orageux, ou sa plainte en sourdine sous les larmes du saule pleureur.

Notre poète s'est attardé avec complaisance dans la solitude plaintive de l'étang. « Je me suis promené, ce matin, le long de l'étang. Les arbres penchés sur l'eau s'égouttaient lentement et chaque goutte tombait sur la surface unie avec un petit retentissement qui avait quelque chose de plaintif. On eût dit que les arbres ayant pleuré toute la nuit laissaient tomber leurs dernières larmes. »

Ailleurs il décrit le sortilège qui émane de ces eaux dormantes, et il médite devant le silence des bois qui les environnent. Ici encore, il insiste sur les pensées que ces eaux pensives évoquent. Le poète se prépare à comprendre l'enseignement de Lamennais : « La vue des eaux me charme toujours infiniment. Cet étang, d'une belle étendue, s'épanche entre deux bois dont les lisières décrivent des lignes irrégulières, mais d'autant plus gracieuses. Au déclin du jour, c'était quelque chose d'infiniment mélancolique que cette nappe d'eau verte et vague, et la couleur pâle des bois qui commencent à se dépouiller, et la teinte grise du ciel où passaient silencieusement des bandes de corbeaux et de canards sauvages. Mille pensées d'une tristesse douce me sont venues : je me suis souvenu que dans mon enfance j'aimais à m'asseoir à la même heure sur le parapet de la terrasse du Cayla et à regarder passer les oiseaux qui s'en allaient chercher un gîte pour la nuit. »

***

En Bretagne, la vie du vent, — la vie de la brise et la vie de l'ouragan, — répandent sur cette terre recueillie l'émoi de tous les frissons. Dans les vieux poèmes qui ont inspiré Macpherson-Ossian, nous avons entendu le dialogue de la voix des morts et de la voix de la brise. De même, Maurice de Guérin a noté le dialogue du vent et de l'âme de Maurice orageuse et vagabonde comme le vent, et son *Journal* retentit de ce lamento du vent qui porte la plainte des morts et la menace de tous les malheurs.

« Aujourd'hui je n'ai vu autre chose que les ondées courant dans l'air les unes sur les autres par grandes colonnes qu'un vent fou chasse devant lui. Je n'ai entendu autre chose que ce même vent gémissant tout autour de moi avec ces gémissements lamentables et sinistres qu'il prend ou apprend je ne sais où : on dirait d'un souffle de malheur, de calamité, de toutes les afflictions que je suppose flotter dans notre atmosphère, ébranlant nos demeures et venant chanter à toutes nos fenêtres ses lugubres prophéties. Ce vent, en même temps qu'il agitait si tristement mon âme par sa puissance mystérieuse, ébranlait au dehors la nature par son action matérielle, et peut-être aussi par quelque chose de plus : car qui sait si nous savons toute l'étendue des rapports et des entretiens des éléments entre eux ? »

Plus loin, c'est la lutte du vent et de l'arbre, la plainte de la forêt sous le mugissement de la rafale, le murmure du sapin froissé qui demande au vent qui passe pourquoi le vent ne respecte pas le silence et la majesté du sapin. « J'ai vu ce vent, à travers mes vitres, faisant rage contre les arbres, les désespérant. Il s'abattait parfois sur la forêt avec une telle impétuosité qu'il la bouleversait comme une mer et que je croyais voir la forêt tout entière pivoter et tournoyer sur ses racines comme un immense tourbillon. Les quatre grands sapins, derrière la maison, recevaient de temps à autre de si rudes coups qu'ils semblaient prendre l'épouvante et poussaient comme des hourras de terreur à faire trembler. »

Mais ce poète ne décrit pas pour décrire. Il se garde de s'attarder dans la virtuosité facile de l'art descriptif. En son âme lyrique, tous ces bruits s'enroulent autour de son chant intérieur et le prolongent dans la profondeur du chant guérinien. Car ces murmures du vent qui passe sont tantôt des chants de plainte qui traduisent des ravages, tantôt des cris de triomphe qui disent l'ivresse de la vie. Et l'âme du poète, portée sur ces ondulations sonores, se laisse ravir en ses rêveries étranges ou s'arrête dans ces étonnements qui précèdent l'intensité des méditations. Alors, au fond de lui-même, s'élaborent ces leitmotifs qui seront orchestrés dans ses poèmes en prose, car ce fragment du *Journal* ressemble, parmi tant d'autres, aux couplets du *Centaure* et de la *Bacchante* : « J'écoute passer l'ouragan, et mille pensées qui dormaient, les unes à la surface, les autres au plus profond de mon âme, s'agitent et se lèvent. Tous les bruits de la nature : les vents, ces haleines formidables d'une bouche inconnue, qui mettent en jeu les innombrables instruments disposés dans les plaines, sur les montagnes, dans le creux des vallées, ou réunis en masse dans les forêts ; les eaux, qui possèdent une échelle de voix d'une étendue si démesurée, à partir du bruissement d'une fontaine dans la mousse jusqu'aux immenses harmonies de l'Océan ; le tonnerre, voix de cette mer qui flotte sur nos têtes ; le frôlement des feuilles sèches, s'il vient à passer un homme ou un vent follet ; enfin cette émission continuelle de bruits et cette rumeur des éléments toujours flottante dilatent ma pensée en d'étranges rêveries et me jettent en des étonnements dont je ne puis revenir. »

Ainsi le poète écoute l'ouragan qui se déchaîne,

et sa pensée se dilate et s'étonne. Alors il oublie de multiplier, dans les tourments de l'analyse, les causes de sa souffrance individuelle. Il se penche vers le cœur des éléments qui se plaignent ; et le paysage, de plus en plus chargé de pensées, paraît de plus en plus solennel. Sentir ainsi la nature, c'est s'incliner avec respect devant sa grandeur ; et la libération du poète s'annonce dans l'émoi de cette vénération.

****

Montrons surtout, comme il convient, l'action de la mer sur la pensée de Maurice de Guérin. Action si profonde que, pour en mesurer la puissance, il est nécessaire de rappeler l'influence de l'Océan sur l'imagination de Victor Hugo !

Avant la révélation de la mer, Victor Hugo est un peintre capable de tous les prestiges de la forme. Après les révélations de la mer, Victor Hugo pense comme un prophète et il parle comme un confident de Dieu. Après 1852, dans le silence de l'exil, la mer n'est plus seulement la grande Lyre retentissante qui chante la beauté de la vie comme les harpes du temple de Sion. Le bruit de la mer devient l'expression de l'âme du poète, la voix de la conscience humaine, le verbe essentiel de Dieu. Car la colère de l'Océan se mêle à la colère de l'exilé et la prolonge en un bruit d'anathème. Alors, à travers le murmure des flots irrités, le poète entend le message divin qui apporte à son âme la terreur et l'enivrement.

De même Maurice de Guérin a éprouvé devant l'Océan l'émotion sacrée qu'impose la présence de Dieu. Le 15 avril 1833, il écrit dans son *Journal* : « Enfin j'ai vu l'Océan... Ce que j'éprouvai, en plongeant mes regards dans cet infini, serait assez difficile à formuler. L'âme ne suffit pas à ce spectacle ; elle s'effare à cette grande apparition et ne sait plus où elle va. Je me souviens pourtant que j'ai pensé d'abord à Dieu, puis au déluge, à Colomb, aux continents par-delà l'abîme, aux naufrages, aux combats de mer, à Byron, à René ».

Parmi ces images qui se heurtent dans le sublime, l'âme de Maurice se bouleverse comme une mer démontée. Mais son cri d'effarement est un soupir de libération. Le poète va s'arracher à lui-même. Il a vu l'Infini. Il a senti Dieu. Il s'incline devant cette nature qu'il ne s'agit plus de dompter, mais de comprendre, puisqu'elle surgit avec une majesté divine et anéantit notre orgueil.

Cette émotion sacrée est le grand effroi mystérieux que l'Infini déchaîne. Maurice l'exprime toujours, quand il parle du désordre ou de la sérénité des flots. « L'Océan vient le matin et le soir nous apporter ses accords... Hier, c'était une immense bataille dans les plaines humides. On eût dit, à voir bondir les vagues, ces innombrables cavaleries de Tartares

qui galopent sans cesse dans les plaines de l'Asie...
Les immenses harmonies de l'Océan... La mer
brillait de tout son éclat et se brisait au-dessous de
nous avec des bruits qui passaient par nos âmes
en montant vers le ciel. » Plus loin (9 déc. 1833),
il écrit une sorte d'élévation vers la mer dans une
page harmonieuse et grave comme un chant de vio-
loncelle déployé sous la voûte d'un temple pendant
le sacrifice divin. Le poète surgit, « immobile »
devant l'infini de la mer et le mystère de la nuit,
et il laisse monter dans sa prière l'élan de son extase.
Il faudrait rappeler les hymnes des Védas pour
retrouver cette ardeur de supplication dans l'étonnement.

C'est pourquoi je regrette de ne pouvoir accepter
ce témoignage d'un critique qui est un poète et qui
mérite d'être écouté. « Devant la mer de Bretagne,
dit Charles Le Goffic, devant la mer de Bretagne
Maurice de Guérin n'essaya pas de mesurer sa
petitesse à son infini, car ces idées de néant et d'infini propres aux races occidentales lui sont totale-
ment étrangères. » Je crois, au contraire, que la
mer bretonne a donné à l'enfant du Cayla le réconfort qu'une grande âme trouve toujours dans la
grandeur. Elle fut la bonne guérisseuse et la révélatrice, parce qu'elle lui a permis de vaincre son romantisme, en lui montrant la petitesse de l'homme
devant l'infini de la mer et la vanité de nos rêves
d'un jour devant la majesté de cette force éternelle.

Ne craignons pas d'insister sur cette conclusion qui paraît essentielle. Devant cette solitude sans limites, devant cette agitation sans fin et dans l'obsession de cet horizon insondable, devant ce tumulte effrayant et cette sérénité aussi formidable que ce tumulte, Maurice de Guérin a éprouvé la puissance du sentiment religieux, et son sentiment de la nature a été approfondi et pacifié. Nous l'avons vu commettre, dans le cortège des fils de Jean-Jacques, une erreur attachante mais chargée de conséquences terribles. Avec l'audace de son orgueil romantique, — orgueil toujours puni et toujours renaissant, — il avait vu dans la nature une amante farouche et belle qu'il fallait assujettir, et il était allé vers elle, avec l'élan de son délire, pour se laisser ravir par ses charmes. Cet amour, irréalisable comme la chimère, avait déposé dans son âme, avec le souvenir des ivresses trop brèves, l'amertume de l'inassouvissement. Et ce conflit sans issue — sans issue que le repentir ou le désespoir, — risquait de dissoudre son génie affamé de tendresse. Mais la mer bretonne lui sembla si harmonieuse et si terrible, si farouche et si sereine, qu'il comprit la brièveté de la plainte humaine et oublia la chimère de sa passion. Son âme, qui pliait sous une ardeur incertaine, lui apparut misérable et fragile et il éprouva ce sentiment de modestie qui est le prélude des redressements. En se fortifiant dans l'incomparable exaltation de l'humilité, il put échapper à la fièvre de l'insatiable, et la sérénité qui suit la compréhension des lois éternelles lui apporta le renouvellement de sa force et la révélation de son génie. L'amour romantique de la nature l'avait laissé dans le désarroi. Le culte religieux de la nature lui permettra de manifester sa puissance. L'amour romantique de la nature peut inspirer les chants de l'illusion ou les aveux de la détresse. Le culte religieux de la nature, qui apporte l'apaisement à la mélancolie, dispose le génie aux élans de la victoire. Vérité bienfaisante, dont la *Méditation sur la mort de Marie* nous offrira bientôt une illustration glorieuse !

II

Ce séjour en Bretagne, qui enrichit la sensibilité du poète en agitant les sources profondes, devait provoquer, dans les formes de son art, un nouvel épanouissement.

Cet épanouissement se manifeste sous deux formes: d'abord par la formation du courant poétique qui suit le rythme du vers ; — ensuite et surtout par l'enrichissement de la prose qui, dans certaines pages du *Journal*, va s'élever jusqu'à la grandeur.

Maurice de Guérin a écrit en Bretagne les plus personnels de ses poèmes en vers. Il ne faut pas exagérer l'importance de ces effusions, mais il serait injuste d'en diminuer la valeur confidentielle.

Pour traduire la mélodie personnelle de son chant

intérieur, un grand écrivain n'a pas besoin de s'appuyer sur la cadence métrique. Il trouve dans la prose cet accent qui ouvre la phrase à une résonance infinie et peut retentir jusqu'au calme des cieux. Car la prose a son rythme secret, ses harmonies sourdes et pleines, tout le clavier des sons qui s'associent ou s'opposent. Une phrase de grand prosateur révèle toutes les harmonies et toutes les splendeurs du vers. La prose d'un Chateaubriand, d'un Michelet, d'un Maurice de Guérin respire et chante comme un tercet de Dante, une strophe de Lamartine, un appel de Victor Hugo dans la solitude de l'exil.

Disons même que la prose, plus libérée de toutes les contraintes, peut égaler, avec l'absolu de la plénitude, la profondeur de la voix humaine à la voix profonde et divine qui sort du cœur des choses, du silence de la forêt dans le calme du vent, du repos de la mer dans la sérénité du crépuscule. C'est pourquoi les vers de Chateaubriand ressemblent à des essais incertains où sa prose établira la souveraineté de son rythme. Les vers de Maurice de Guérin suivent une mélodie tremblante que sa prose pliera à son chant décisif. Michelet s'est essayé sans doute à la cadence du vers, mais il a compris qu'elle ne traduirait pas ce flux et reflux d'océan qui soutient sa phrase incomparable. On peut penser que Maurice Barrès a éprouvé la force du rythme poétique, mais il s'aperçut vite que le vers le plus chantant est moins harmonieux que sa prose nombreuse, ardente et grave, soudain émue dans le lyrisme.

Donc je me garderai d'égaler les vers de Guérin à sa prose et je m'étonne que James Darmesteter, ce grand prosateur, ait pu écrire : « On conçoit sans peine le *Centaure* écrit en vers. » J'estime en effet, — avec Barbey d'Aurevilly, — que « les vers de Maurice ne sont que des ébauches », et que « l'inspiration la plus charmante tremble dans le rythme mal assuré ». Je crois, — avec Sainte-Beuve, — que « dans la prose, l'auteur du *Centaure* est maître de sa forme, » et que « dans ses vers, il cherche, il se souvient ». Et je conclus avec Abel Lefranc : « Je n'ose dire qu'une publication d'ensemble de ses poésies soit aujourd'hui désirable. » Pourtant il serait injuste de négliger les aveux qui brillent çà et là dans ses poèmes. Celui qui surveille l'éclosion d'un génie ne doit rien écarter de ce qui manifeste un mouvement de découverte, un effort de libération, un geste de création. Mais avouons que les vers de Maurice doivent être cités par fragments, — détachés comme des appels qui retentissent dans le silence, — considérés comme des ébauches puissantes qu'une main plus habile eût pétries et groupées dans la solidité de l'architecture.

Les poèmes écrits en Bretagne sont les plus beaux parce qu'ils sont les plus expressifs de sa vie intérieure. On y trouve en effet la double tendance de son inquiète sensibilité : ce goût du rêve dans la douceur d'une solitude inviolée, et le besoin d'exaltation devant la nature infinie et divine.

Le rêve établit le poète dans la fécondité du recueillement. Là, dans le mystère de l'invisible, il élabore une vie secrète avec la collaboration de l'Amour et des Idées éternelles. Nous assisterons bientôt aux miracles de cette existence à la fois sourde et fervente. L'exaltation est ce mouvement de conquête qui répand le poète, à travers le Temps et l'Espace, sur les beautés et les grandeurs du monde. Repliement de l'esprit dans les enfoncements du rêve, déploiement de l'esprit dans les bonds de l'exaltation : tel est le mouvement, contrasté et souvent déchirant, du rythme guérinien.

Les poèmes bretons nous font assister aux premières créations de cette vie si ardente.

Voici d'abord le goût du rêve, le besoin de la solitude, le mouvement du songeur qui se recueille sous le feuillage de l'amandier ou devant la majesté du chêne :

> Comme un fruit suspendu dans l'ombre du feuillage,
> Mon destin s'est formé dans l'épaisseur des bois.

Là, dans l'amitié de l'ombre, le poète cherche les vérités secrètes que la nature confie à ses initiés :

> Les faveurs de nos dieux m'ont touché dès l'enfance ;
> Mes plus jeunes regards ont aimé les forêts,
> Et mes plus jeunes pas ont suivi le silence
> Qui m'entraînait bien loin dans l'ombre et les secrets.

Alors, dans le silence des forêts, il écoute les confidences des nymphes, et il s'écrie comme s'il était le compagnon de Glaucus :

> Nymphes, divinités dont le pouvoir conduit
> Les racines des bois et le cours des fontaines
>
> . . . .
>
> J'immolerai ce soir aux nymphes des montagnes,
> Et je me livre aux Dieux que je ne connais pas.

La paix de l'ombre, l'enchantement qu'amène le silence, l'ivresse créatrice qu'il recueille « au cœur d'un rocher » comme « un antique anachorète », ou dans l'âme des vallées profondes, comme « les Muses enivrées par la nuit », voilà les émotions que Maurice chante dans ses vers avant de les chanter dans ses poèmes en prose. Car le paysage guérinien n'étale pas l'opulence des couleurs et des formes. Toutes ces beautés plastiques, qui charment le peintre, offrent au poète qui songe des beautés criardes et inutiles. Que faut-il aux sensibilités tourmentées ? Du calme et des profondeurs.

Qu'ils sont émouvants, ces paysages où se complaît Maurice, par la vertu de leurs émanations inspiratrices ! Paysages de rêve, ardents et tranquilles parce qu'ils sont protégés par l'ombre et par le silence ! Paysages propices au recueillement et aux prestiges de la rêverie guérinienne :

> S'il s'ouvrait un asile
> Dans la mer idéale, en quelque réservoir
> Calme comme un bassin des montagnes au soir,

> Mon esprit y plongeant des tristes bords du monde
> Y ferait à couvert sa demeure profonde,
> Et des pensers nourris dans l'ombre de son sein,
> Sous le calme de Dieu, poursuivrait son dessein.

C'est là-bas, en Bretagne, que son anxiété se délivre, et qu'il se rafraîchit aux sources du calme :

> Ma délivrance est là. Dans ses heures secrètes
> Mon esprit va toujours creusant quelques retraites,
> Rêvant de longs sommeils, des calmes dans la nuit,
> Des cieux sans mouvement et des vagues sans bruit.

Et tout ce calme, et ces formes protectrices, et ces fraternelles profondeurs, et ces découvertes silencieuses se lèvent, devant la solennité du crépuscule, dans l'enchantement du soir :

> Tout ce que nous cherchons n'est-il pas au couchant ?

Après le sortilège du silence et de l'ombre, où médite la rêverie guérinienne, voici les exaltations où se déploie sa volonté de triomphe. C'est le mouvement de la dilatation après l'immobilité du recueillement.

> Mais le jour où, du haut d'une cime perdue,
> Je vis (ce fut pour moi comme un brillant réveil !)
> Le monde parcouru par les feux du soleil,
> Et les champs et les eaux couchés dans l'étendue,
> L'étendue enivra mon esprit et mes yeux ;
> Je voulus égaler mes regards à l'espace,
> Et posséder sans borne, en égarant ma trace,
> L'ouverture du champ avec celle des cieux.

Qui parle ainsi dans le délire de la fougue ? Est-ce

le Glaucus de la légende antique ? Est-ce le Centaure qui écoute le retentissement de ses pas dans l'ivresse de sa course ? Est-ce Maurice de Guérin qui veut s'égaler à l'élan du monde dans sa marche à travers les solitudes de la lande, ou devant le murmure des grèves bretonnes ?

Voici enfin, avec la ferveur du rythme lucrétien, l'émotion de la Bacchante devant les splendeurs de la vie déroulée au souffle de Bacchus, — l'extase religieuse de la Bacchante devant la divinité de la nature et la sérénité des constellations. Le poète contemple la nature, le miracle de ses créations secrètes, le resplendissement de sa puissance sur les beautés du monde, et tout cet élan de la vie vers la grandeur de Dieu :

> Et je voyais là-bas, aux entrailles du monde,
> La nature, échauffée à son œuvre profonde,
> De ses divines mains travailler et pétrir
> Les germes inconnus des êtres à venir ;
> Et ces germes confus abondaient autour d'elle,
> Au loin, de tous côtés, comme une onde éternelle
> Dont chaque flot, chantant un hymne sans pareil,
> Demandait à grand bruit la forme et le soleil,
> Et la grande ouvrière, ardente, infatigable,
> Sans relâche puisait à l'onde intarissable ;
> Et les êtres moulés dans le creux de sa main
> Vers le jour s'envolaient chacun par son chemin.
> Ils prenaient leur essor, parfaites créatures,
> Avec leur jeune vie, avec leurs formes pures ;
> Et de mille côtés s'élançaient avec eux
> L'hosanna de la vie et le salut aux cieux.

On voit que, dans ces poétiques essais, le poète

ébauche les développements qui seront groupés dans les couplets du *Centaure* et de la *Bacchante*. Il était donc nécessaire d'en signaler l'importance dans la formation du génie guérinien.

* * *

Le séjour en Bretagne a suscité quelques beaux vers, mais il a surtout fortifié la prose et l'a menée à la magnificence. En effet, nous allons assister à l'essor d'une faculté nouvelle que nous appellerons le don des évocations épiques.

Le sentiment du sublime, provoqué par cette nature majestueuse, détourne le lyrisme intérieur vers la beauté des tableaux qui soulèvent l'admiration. Alors le pathétique sentimental s'épure et s'agrandit dans la noblesse du pathétique intellectuel. Dans le poète lyrique, enfin arraché à sa plainte, un poète épique a surgi. C'est ainsi que, dans l'œuvre des grands lyriques, le ton s'élève souvent au désintéressement de l'épopée. Pensons aux tableaux bibliques de Dante, aux évocations dantesques de Victor Hugo, aux visions édéniques et solennelles de Leconte de Lisle.

Nous allons le constater dans le *Journal*, en montrant que le chant guérinien passe spontanément du lyrique à l'épique. Épanouissement merveilleux, mais nécessaire, si le poète, pour égaler son art à tant de puissance, doit être capable d'atteindre à la splendeur !

L'émoi religieux devant la nature réclame des formes de représentation d'une beauté singulière. Ce sentiment, qui achève l'accablement dans l'exaltation, doit se traduire avec le pathétique de la grandeur. La grandeur, c'est la majesté répandue par l'apparition du sublime. Donc ce nouveau sentiment de la nature produira des effets de grandeur et de sublime, je veux dire des effets d'épopée. Or ces sentiments de sublime et de grandeur agitaient les poètes primitifs, lorsque, dans la fraîcheur des premiers émerveillements, l'âme humaine s'exaltait devant la beauté du monde. Souvenons-nous de la solennité de la Bible, de l'éclat des Védas, de la candeur auguste d'Homère. Ainsi le poète moderne, qui accueille la révélation du sublime, se revêt soudain d'une âme de primitif. Dans son cœur ébloui, il retrouve la puissance antique, et il traduit ces émotions austères et enivrantes qui soulevaient l'esprit des prophètes et des génies inspirés par les Muses.

Maurice de Guérin va nous donner l'émotion de ce pathétique, parce que le sublime de la nature, ressenti avec plénitude, a fait surgir du fond de lui-même l'âme des anciens âges.

Écoutons ces phrases tranquilles et ardentes comme les versets des Upanishads : « Le brouillard s'élève et décoiffe les montagnes, et ce spectacle prenait un caractère de grandeur infinie. On eût cru voir s'envoler les ténèbres antiques, Dieu enlever de sa main, comme un statuaire, la toile qui voilait son œuvre et la terre exposée dans toute la pureté de ses formes premières aux rayons du premier soleil. » Image solennelle où revit l'émotion d'un poète primitif, qui voit dans les mouvements de la nature les gestes de Dieu !

« Les nuages qui ont escorté le soleil vers l'occident s'ouvrent à l'horizon comme un groupe de courtisans qui voient venir le roi, et puis se referment sur son passage. Le soleil couché, quelques-uns de ces nuages reviennent et remontent dans le ciel, emportant les plus belles couleurs. Les plus lourds restent là aux portes du palais, comme une compagnie de gardes aux cuirasses dorées. » Image plastique qu'on retrouve dans les poèmes de l'Inde. L'imagination du poète assiste aux spectacles de la vie céleste comme aux aventures de personnages divins.

Attachons-nous encore aux effets surprenants de ces divines apparitions. Des blocs de granit se dressent dans un enfoncement formé par une gorge marine. Parmi ces blocs, le regard du poète voir surgir des géants, et la scène se déroule dans les hallucinations du fantastique. « On dirait, tant étrangement ils sont posés et tant ils inclinent vers la chute, qu'un géant s'est amusé un jour à les précipiter du haut de la côte et qu'ils se sont arrêtés là où un obstacle s'est rencontré ; mais encore semblent-ils plutôt suspendus qu'arrêtés, ou plutôt ils paraissent rouler toujours. Le bruit des vents et des flots, qui s'engouffre dans cet enfoncement sonore, y rend les plus belles harmonies. »

Ces paysages solennels et les images lointaines qu'ils éveillent au fond de nous, comme s'ils nous ramenaient aux régions les plus ancestrales, nous permettent de définir ce sentiment épique de la nature. Précisons, dans la lumière des contrastes, la qualité des émotions opposées. Le sentiment lyrique de la nature projette les désirs de notre âme sur les beautés du monde, et le monde plié à nos désirs collabore à notre joie triomphale. Le sentiment épique de la nature incline notre âme devant la grandeur du monde, et notre âme étonnée par tant de grandeur se discipline au rythme des lois naturelles. Le sentiment lyrique de la nature absorbe l'univers dans notre âme royale qui veut étendre partout son empire. Le sentiment épique de la nature dispose notre âme à cet étonnement où elle se simplifie dans le recueillement et l'exaltation. Le sentiment lyrique de la nature est l'effusion de l'orgueil humain devant l'univers que notre orgueil asservit. Le sentiment épique de la nature est l'aveu arraché à la fragilité humaine par tant de magnificence : alors l'évocation des héros et des dieux fait taire le chant de notre vanité. C'est pourquoi le sentiment épique de la nature s'achève dans le sublime de l'émotion religieuse.

***

Cette imagination de primitif opère les miracles des premières inventions de l'humanité. En effet la sensibilité du poète épique s'émeut si fortement qu'elle anime ses émotions mêmes, en leur donnant un corps, un visage, le mouvement des passions humaines. Alors nous assistons à la naissance d'un mythe, car le mythe est la traduction plastique des émotions fraîches qui, ne sachant pas encore s'analyser, se décrivent en tableaux. C'est pourquoi, selon la forte expression de Charles Andler, « le mythe transpose la nature en humanité ».

Voici d'abord le décor qui se lève et se dresse dans la beauté. La nature révèle sa puissance et le sublime va surgir. Devant la solennité de la mer, l'âme du poète éprouve un sentiment religieux, et sa voix exaltée par le respect prend l'accent des sacerdotales incantations. Écoutons cette voix profonde et chargée de mystère. « La brume voilait le lointain des eaux, mais donnait assez d'espace à la vue pour laisser soupçonner l'infini. A droite, un bois répandu sur le penchant de la côte étalait, dans une lumière pâle, ses rameaux nus et effilés qui sifflaient légèrement. A gauche, bien loin, la tour des Ebihens tantôt disparaissait à moitié, comme noyée dans les ombres, tantôt reparaissait avec une faible lueur au front, quand un rayon furtif du crépuscule parvenait à tromper les nuages. Le bruit de la mer était calme et rêveur comme aux plus beaux jours ; seulement il avait quelque chose de plus plaintif. »

Décor magnifique, qui prépare les effets de grandeur, puisqu'il apporte tour à tour une sensation d'infini, le pathétique des lueurs qui passent, les jeux émouvants du crépuscule et des ombres, et ce chant de la mer qui traduit la plainte d'un rêve ! Aussi les émotions épiques vont-elles naître dans un cadre d'épopée où revivent les heures antiques. Même notre surprise sera plus profonde, car le mythe n'est pas transporté, par le prestige de l'imagination, dans le mirage du passé. Il se forme soudainement devant nous. Le poète lui-même participe à la majesté de l'évocation et nous le voyons pénétrer dans la solennité du mystère. L'harmonie de l'océan mêlée au charme de la nuit répand sur ce tableau un mélange singulier de grandeur et de pathétique ; et Maurice et son compagnon apparaissent dans l'immobilité de l'étonnement, comme deux statues charmées et pensives. « L'ombre s'épaississait autour de nous, et nous ne songions pas à partir, car l'harmonie de la mer allait s'agrandissant, à mesure que tout se taisait sur la terre et que la nuit déployait ses mystères. Semblables à ces statues que les anciens plaçaient sur les promontoires, nous demeurions immobiles, comme fascinés et liés par le charme de l'Océan et de la nuit. » L'Océan qui murmure et la terre qui s'efface dans le silence, la nuit qui monte dans le charme nocturne et l'émoi de l'horizon traversé de pâleurs, quel cadre propice aux apparitions du sublime ! La lumière de l'épopée répand soudain sa magnificence ; et Guérin le poète qui contemple tant de splendeur est à la fois le dieu Glaucus de la légende antique fasciné par la beauté de la mer, — le Centaure guérinien aussi ému par le bruit de l'onde que par le silence des forêts, — et le héros pascalien dont l'âme songe devant l'Océan qui rêve : « Oh ! c'était quelque chose d'étrange et d'admirable, un de ces moments d'agitation sublime et de rêverie profonde tout ensemble, où l'âme et la nature se dressent de toute leur hauteur l'une en face de l'autre ». Le mythe a gardé l'éclat de la légende grecque ; mais il se recouvre d'un grand sens où la pensée moderne établit son inquiétude et sa profondeur.

**

Écoutons enfin au fond de notre souvenir l'inépuisable écho de cette page écrite encore en Bretagne, sur cette terre vénérable qui éveillera toujours en nous les émotions des vieilles épopées.

« La mer se mit en marche vers nous. Une brise, comme une inspiration céleste, hâtait le progrès de la marée et donnait aux nappes que les lames projetaient plus de déploiement et d'écumes. Les oiseaux de marine quittaient les écueils lointains et suivaient la mer, ainsi que les solitaires le flot montant de leurs pensées, jusque dans l'anse la plus reculée. La marée montait de l'Occident : le soleil, suivi de ses nuages comme l'Océan de ses oiseaux, y descendait. Ces divins éléments, l'eau et la lumière, qui se pénètrent avec tant d'amour dans la fumée des cascades, le calme des lacs, la pureté des neiges et l'ondoyante mobilité des nuages, se séparaient avec mélancolie et étendaient leurs adieux sur toute la face de l'Océan. Peu de temps après la chute du soleil derrière un promontoire bleuâtre, le silence universel s'accomplit. »

Quelle simplicité et quelle grandeur ! Ici, comme dans les livres antiques, la nature est saisie dans le mystère de ses créations : donc elle est contemplée dans la vénération de l'émerveillement. Ici, comme dans les épopées primitives, les éléments de la nature sont des personnages surhumains qui accomplissent de magnifiques exploits. Ici la nature n'apporte pas à la vanité de l'homme le tribut de ses formes et de ses harmonies, comme un courtisan qui étend un manteau somptueux sur les épaules d'un roi : au contraire l'homme incline l'hommage de son culte devant tant de beauté où éclate tant de puissance. Ici enfin la nature ne collabore pas à l'apothéose de l'homme : au contraire l'homme admire, dans le respect de l'étonnement, la majesté de cette force divine. C'est pourquoi les paroles guériniennes semblent retentir dans le silence des premiers jours de la création. Le souffle de la brise qui passe est semblable à l'inspiration des Muses, et il amène tout à coup un prodigieux déploiement. La mer respire comme un cœur qui s'épanouit dans l'amour et dans la beauté. Les oiseaux de mer sont des solitaires qui écoutent dans leurs méditations le prolongement des émotions inspiratrices. La marée monte et le soleil descend comme les officiants du grand rite sacré, et les divins éléments, l'eau et la lumière, qui se séparent pour laisser passer la nuit qui s'élève, donnent à leurs adieux, dans la magnificence du crépuscule, le pathétique d'une séparation qui répand sa mélancolie sur tout l'Océan. Alors le poète, qui ne pense plus à sa plainte, écarte le souvenir des tristesses passées : le spectacle révélé a tant de grandeur que tout le génie guérinien suffit à peine pour soutenir sans trembler le poids de tant de sublime !

Le séjour en Bretagne, en approfondissant le sentiment de la nature, a renouvelé l'inspiration du penseur et a produit l'épanouissement des facultés les plus poétiques. Maurice de Guérin pouvait écrire dans son *Journal*, le 25 juin 1834 : « La Bretagne est le pays de mes plus doux songes ».

CHAPITRE VII

LE RETENTISSEMENT DE LA VOIX DE LAMENNAIS

Or, dans cette nature bretonne que sa majesté antique rendait si émouvante, retentissait la grande voix de Lamennais.

Le privilège le plus souhaitable pour un génie naissant est d'être placé soudain devant un grand esprit qu'éclaire une âme fervente. Un grand esprit porte en lui-même l'architecture du monde ; et, dans le rayonnement de cette âme, la force du génie qui s'éveille aspire à un haut destin.

L'adolescence d'un poète est toujours agitée. Un double besoin la tourmente. Elle cherche à s'évader dans l'immensité des espaces avec la liberté du déchaînement. D'autre part, effrayée par l'avidité de son désir, elle appelle l'âme clairvoyante et sûre qui établira l'ordre dans son tumulte.

Au moment où Maurice de Guérin s'agite dans ces troubles qui signalent la puissance, Lamennais survient pour contenter à la fois son besoin de discipline et sa volonté d'épanouissement. C'était une âme fougueuse et tendre, brûlante et candide :

âme contrastée qui enveloppait de sa flamme un esprit rectiligne et passionné d'excellence. Le mélange de cette logique et de cette ardeur donnait à sa parole, avec un accent de conquête, une force prodigieuse de retentissement. Il fut donc un de ces esprits fécondants qui sèment autour d'eux une contagion de vaillance intellectuelle. Ils réchauffent et ils élèvent par la beauté vers la grandeur. Une puissance inspiratrice émane d'eux comme un fluide inévitable. Une alliance singulière d'autorité et de charme assure leur empire, car l'autorité devient irrésistible quand elle se pare de ce charme qui est l'aisance dans la force et qui ajoute à la décision de la force l'invincible attrait de la douceur.

Lamennais fait partie de ce groupe souverain. Aussi les esprits les plus hauts du XIXe siècle ont-ils subi son ascendant. Alfred de Vigny, comme l'a montré M. Dorison, a senti sa puissance. Victor Hugo, comme l'a déclaré M. Renouvier, lui doit l'armature de sa philosophie. Grâce à Lamennais, comme l'a signalé M. Maréchal, Lamartine abandonne la plainte des *Méditations* pour s'élever au lyrisme généreux des *Recueillements*. Grâce à Lamennais, comme l'a prouvé M. Michaut, Sainte-Beuve délaisse la manière charmante et fragile de sa critique romantique pour suivre une méthode plus ouverte et plus décisive. Jusqu'au bout, et malgré la rupture, un Montalembert, esprit généreux, âme de flamme, affirme la hauteur morale du solitaire qui persiste dans sa révolte. Jusqu'au bout et malgré l'anathème de l'Église, un Lacordaire, cœur loyal que la tendresse illumine, proclame la noblesse de son grand frère égaré.

Maurice de Guérin fut le disciple ardent de Lamennais. Et ce disciple ardent se montra un disciple docile parce qu'il était déjà un maître. Pour un esprit chargé d'avenir et porté vers les grands horizons, l'influence de la force n'apporte pas la contrainte d'une servitude, mais l'épanouissement d'une révélation. Les âmes fragiles s'écartent de la discipline, comme d'un fardeau qui pèse lourdement sur une ardeur vite lassée. Les âmes fortes la recherchent comme l'indispensable armature.

Avant même de se rendre à La Chênaie, Maurice avait aspiré à la sympathie de celui qui avait fondé l'*Avenir*. Par le séjour en Bretagne, il réalisa donc un rêve longtemps caressé. Timide et secret, il alla vers le maître, avec ce mélange de réserve délibérée et d'involontaire effusion qui trahit l'ardeur du désir et l'intensité du respect. La modestie du disciple n'ose s'offrir, mais son enthousiasme jaillit spontanément et se donne. C'est le commencement de ce premier émoi où l'autorité va exercer son empire.

Rien n'autorise à dire que Lamennais n'apprécia pas la valeur de Maurice de Guérin. L'affirmation de François du Breil de Marzan, sur laquelle on se fonde, me paraît arbitraire. Les adolescents qu'agitent les tourments généreux discernent vite ceux qui peuvent les soutenir et les consoler. Ils s'inquiètent, quand leur confiance est écartée. Ils se replient, quand ceux qui devraient les comprendre se retirent dans le mystère. Un Maurice de Guérin, dont la sensibilité si aiguë était ouverte aux pressentiments, eût souffert de l'indifférence de son guide, et nous entendrions, dans ses Lettres, la plainte de son affection mutilée. Or, il parla toujours de Lamennais avec une ardeur de gratitude qui traduit le souvenir de ces confidences, si émouvantes pour le maître qui les reçoit, si douces au disciple qui les offre.

« J'éprouvais, en abordant M. Féli (c'est ainsi que nous l'appelons en famille), ce tremblement mystérieux dont on est toujours saisi à l'approche des choses divines et des grands hommes ; mais bientôt ce tremblement se changea en abandon et en confiance. » (25 déc. 1832).

« C'est lui qui est mon père débrouilleur, mon arracheur et mon père à secrets. » (14 déc. 1832).

« Hier, quand le dernier venu d'entre nous arriva, il était dans la joie de son âme. « Notre petite famille augmente », me dit-il, et il m'embrassa de tendresse et de joie. » (18 déc. 1832).

« Tout son génie s'épanche en bonté. Me voilà entre ses mains, corps et âme, espérant que ce grand artiste fera sortir la statue du bloc informe. » (25 déc. 1832).

« Celui qui veut faire quelque chose de moi est

là ; j'espère en lui, j'appuie sur lui mon courage défaillant, et je me remets à l'œuvre avec mes forces d'emprunt. » *(Ibid.)*.

Un texte particulièrement important montre la profondeur de l'influence, acceptée et recherchée par Maurice de Guérin. A la lumière de ce texte, nous dirigerons nos recherches et nous établirons les fondements de nos conclusions. « J'ai lu des notes et des fragments de son grand ouvrage philosophique : c'est une sublime intuition du monde, à la manière des philosophes indiens. » (25 décembre 1832). Il s'agit de l'*Esquisse d'une Philosophie*, qui devait paraître en 1840, en quatre volumes. Cette œuvre, toute éclatante d'idées, est animée comme une confidence de poète et austère comme une synthèse de philosophe. Malgré ses lacunes et malgré ses audaces, ce livre, caduc et toujours puissant, est un livre essentiel. C'est un grand livre, et l'on s'explique qu'il ait répandu sur le cœur et la pensée de Maurice le mouvement et l'éclat de l'illumination.

J'ai lu et médité ces quatre volumes. En les méditant, l'esprit se donne la joie d'évoquer le maître et le disciple, sous les ombrages de La Chênaie, — le maître révélant les secrets de la sagesse, — et le disciple écoutant, avec une attention fervente, la parole révélatrice.

Dégageons d'abord les idées maîtresses qui sillonnent·d'un sillon lumineux ce grand ouvrage, et laissons retentir ces aveux qui reviennent sans cesse, avec la solennité des refrains, dans les entretiens d'un grand esprit. Car un grand esprit redit toujours, dans la diversité des mots et la multiplicité des développements, quelques pensées décisives. Ces idées maîtresses ne seront pas trahies, je l'espère, si nous les traduisons par ces affirmations capitales :

Il ne faut pas s'enfermer dans les limites du « moi solitaire », mais s'élever à la compréhension des vérités générales, où le moi trouve sa place, sa raison d'être et sa méthode de discipline.

Le « moi solitaire » est le plus terrible adversaire du moi. L'orgueil humain est le voile brillant et fragile qui dissimule nos faiblesses et nos ignorances.

La plus haute des idées générales, celle qui forme la clef de voûte de la Vie et de la Pensée, est l'idée de Dieu. Au commencement est Dieu. Sans cette affirmation primordiale, aucune pensée ne peut être pensée, aucune existence particulière ne peut vivre.

Les éléments essentiels de l'essence divine sont « la puissance, l'intelligence et l'amour ». La puissance est la force qui s'exprime, l'intelligence est la force qui se dirige, l'amour est la force qui crée.

La Création est le déploiement, dans le Temps et l'Espace, de cette puissance, de cette intelligence et de cet amour.

Chaque chose particulière est à la fois bornée et inépuisable. Elle est bornée, puisqu'elle est un fragment de l'Infini. Elle est inépuisable, puisqu'elle se rattache à cet Infini même.

Chaque chose particulière est à la fois matière et esprit. Par la matière, elle se limite. Par l'esprit, elle tend vers l'Infini, car le grand souffle de l'Esprit divin qui mène le monde la traverse et lui imprime, avec un élément d'énergie divine, un commencement de grandeur.

La matière est le domaine de la nécessité. L'esprit est le domaine de la liberté.

Au plus bas degré de la vie, la matière domine. Au plus haut degré de la vie, l'esprit triomphe. Mais partout et toujours, l'esprit, c'est-à-dire le souffle de Dieu, réchauffe, éclaire, anime.

Donc dans la matière même, si impénétrable et muette, l'amour opère ses miracles, et cette force d'attraction qui rapproche les éléments et lie les parties et compose la figure des choses est une forme déjà invincible de l'amour divin.

Ainsi Dieu se révèle, directement, dans les apparences de la nature.

Le Beau, c'est la manifestation de l'Infini dans le fini.

Élevons-nous par la contemplation du Beau à la compréhension de l'Être Infini qui est la cause et la raison de toutes les formes de l'être. « Connaître, c'est pénétrer au delà des phénomènes jusqu'à la raison des phénomènes et les embrasser d'une même vue ». Et le maître reprend cette pensée de conclusion. Il détermine avec insistance cette mission sacrée de l'esprit humain. Il s'attache à montrer dans cette vision de l'Infini notre suprême démarche et notre récompense. « C'est le caractère de l'intelligence que la perception de l'Infini ou la vision directe de l'Être un qui renferme en soi, avec les éternels exemplaires des choses, leur loi, leur raison, leur cause substantielle. »

Telles sont les idées générales qui reviennent toujours dans les entretiens du Maître, groupent les remarques divergentes, soutiennent l'ordre des méditations, mènent à la simplicité et à l'unité, c'est-à-dire à la force, les désirs qui se dispersent et les pensées qui s'égarent. Pensons à la joie de Maurice de Guérin qui commence à calmer son inquiétude, à diriger dans la clarté ses recherches incertaines, à discipliner ses velléités dans le rythme d'une volonté décisive. Et comprenons ces élans de gratitude qu'il marque dans ses Lettres.

« En quelques mots il ouvre des points de vue immenses dans la science. Ses paroles élèvent et échauffent l'âme : on sent la présence du génie... Il a des mots charmants ; les saillies les plus vives, les plus perçantes, les plus étincelantes s'échappent de lui sans nombre. » (18 déc. 1832).

« Ses conversations valent des livres, mieux que des livres. » (16 mai 1833).

« Nous sommes venus chercher auprès du Maître asile et lumière, et c'est vraiment ici qu'il faut venir quand on veut se réfugier dans l'étude et dans le Seigneur. » (25 déc. 1832).

« N'est-ce pas une fête continue qu'une vie studieuse et cachée. » (2 fév. 1834).

Ces premières ivresses d'une pensée qui s'illumine ouvrent d'abord la source de l'admiration : c'est la période si heureuse de l'expansion où le disciple redit à tous les échos la parole pacificatrice. Ensuite elles amènent la douceur du recueillement, en provoquant un travail intérieur, lent et secret : c'est l'œuvre de la personnalité, qui s'opère dans la fusion des énergies intérieures et des forces étrangères apportées par l'admiration. Dans l'âme de l'adolescent chargé de beaux dons et appelé à un haut destin, cette fusion manifeste toutes les formes d'un enfantement.

En utilisant les quatre volumes de l'*Esquisse* et ces similitudes qui prolongent dans le courant guérinien le courant de l'onde mennaisienne, nous allons suivre cette opération si subtile de l'influence intellectuelle, de l'admiration qui féconde, de l'incubation qui combine, de la méditation qui transforme, de l'hymen de deux esprits qui aboutit au miracle de la création.

Le disciple, guidé par les idées générales, va vers le maître avec une ardeur de sympathie de plus en plus ouverte au labeur de la réflexion personnelle. Et Lamennais dit, avec l'autorité que donne l'affection, avec l'affection qui rend l'autorité si prenante :

Enfant avide et ardent, l'homme est petit et la nature est immense. Il faut opposer la fragilité de l'homme à la grandeur de la nature. La nature ne se laisse pas étreindre par nos mains avides et frêles. La nature est formidable. La nature est divine. Et il ajoute (tome III, p. 23) : « Perpétuelle effusion de Dieu, la Création sort de lui, s'épand hors de lui comme un Océan immense, et les êtres s'y enchaînent aux êtres dans leur production successive, sans repos et sans terme, comme les flots naissent des flots, en élargissant toujours plus leur cercle vers des rivages qui fuient éternellement ».

Il dit encore (t. I, p. 150) : « Sortie de Dieu, la Création aspire à retourner en lui... Elle se dilate au sein de son immensité par un progrès sans fin, qui n'est qu'un don perpétuellement inépuisable de lui-même. Il l'attire à lui en s'épandant en elle ; il la pénètre, il la féconde, il se prodigue à elle pour accomplir incessamment une union toujours plus intime qui ne sera jamais consommée ».

Et le disciple voit surgir devant lui, non plus une nature qui se pare pour nous charmer, mais une nature vénérable et chargée d'un message divin, et il commence à éprouver non plus le délire d'un sentiment romantique, mais la gravité d'un sentiment religieux. Il ne songe plus à cet hymen extravagant de la nature et de l'homme qui commence dans la déclamation et s'achève dans le désespoir. Il médite sur cet hymen sublime de la nature et de Dieu qui déroule devant lui ses rites sacrés, et il se dispose à y participer avec une piété fervente.

Lamennais, qui veut être l'adversaire le plus décidé de l'indiscipline romantique, va parler comme s'il entendait au fond de lui-même la grande leçon de Montesquieu dans l'*Esprit des Lois*, comme s'il voulait prolonger le geste décisif de Montesquieu dressant au début de l'*Esprit des Lois* l'image incorruptible de la Loi universelle, de la Loi qui s'impose à la vie physique et morale, de la Loi qui s'impose à Dieu même. A cet enfant trop préoccupé de la beauté du monde, il déclare : La nature n'est pas seulement un objet d'art créé par le caprice d'une divinité qui demeure lointaine. Par tous ses gestes, la nature proclame les volontés de Dieu, et ces volontés sont les lois. Donc, au lieu d'énumérer les beautés de la nature dans vos énumérations fragiles et prétentieuses, comprenez cette architecture de lois, et le maître ajoute : « Observez ce merveilleux enchaînement des êtres et de leurs lois, qui ne sont que les mêmes lois fondamentales se modifiant de proche en proche suivant les divers modes d'existence, de sorte que toute science qui néglige cet enchaînement est incomplète, et toute science qui le méconnaît spéculativement est fausse. Tout se tient par des liens étroits, toutes les racines s'entrelacent pour puiser au sein du même sol la même sève : la force est une, l'intelligence une, la vie une et les formes seulement diverses... » (T. I, p. 275).

Il dit encore, t. IV, p. 447 : « Les lois de la force deviennent dans l'homme les lois de la volonté. Les lois de la forme et de la vie deviennent dans l'homme les lois de l'intelligence et de l'amour. Et ces lois sont les lois mêmes de Dieu ».

Le disciple médite sur cette leçon de synthèse qui déroule l'univers sur le plan de la Loi unique et souveraine. Il s'abandonne à ces larges courants d'une pensée qui montre dans l'évolution du monde le triomphe progressif des lois, et il éprouve un commencement d'apaisement. Son esprit a trouvé enfin la lumière. La fièvre des rêveries inutiles tombe, et, quand il s'égare dans les bois de La Chênaie vers la solitude de l'étang, il écoute avec moins de complaisance la voix de son propre cœur et le murmure de sa plainte. Il répètera et prolongera l'enseignement de son maître et il se dira : La Nature est une discipline vivante. L'orage même a sa loi. Tout a sa loi. Et cette idée de Loi lui offre un appui inébranlable, comme un pilier d'airain. Elle l'arrache à lui-même et le place à son rang dans le plan de la vie. Elle l'enrichit et le renouvelle La pensée de Lamennais a dressé l'idée de loi sur l'univers. Soudain l'univers se revêt d'une grandeur divine, et l'esprit du jeune poète se dilate à travers ces splendeurs hiérarchisées.

Le maître développe et précise son enseignement. Il tient de plus en plus sous le charme cette âme secrète et contenue, mais ardente. Il incline de plus en plus, dans le silence de la méditation, cet esprit qui voit s'ouvrir des perspectives brillantes de clarté. Après avoir montré dans le monde l'effusion de l'amour divin et dans la Loi qui se soumet tous les êtres l'ordre inéluctable imposé par Dieu même à l'ascension de la nature vers la justice et vers la lumière, le maître dit au disciple de plus en plus pensif : il ne suffit pas d'admirer, il s'agit de comprendre. Il ne suffit pas de décrire vos contemplations, ni même de classer les lois : il faut remonter à la source de ces beautés et à la racine de ces lois. Il est difficile et nécessaire de traverser le voile des apparences et d'aller à l'âme de la vie. Vous n'y trouverez pas la joie de l'amour humain, car cet amour auquel vous aspirez, enfant imprudent, est l'insoutenable désir de votre orgueil. Vous voulez que la nature vous caresse, mais elle vous laissera dans l'effroi de la solitude. Donc, par un effort créateur et douloureux, — car on n'enfante que dans la douleur, on ne crée que par la souffrance, — il faut vous arracher à vous-même et vous transporter dans le cœur de l'être pour écouter le cœur même de Dieu. Alors vous sentirez Dieu, et Dieu se lèvera devant vous dans la lumière. Et voici les fortes paroles, d'une longue résonance, que le maître dépose dans l'esprit de son disciple, de cet enfant merveilleux, qui chantait, à onze ans, le retentissement des globes dans l'espace, — de cet enfant qui éprouve déjà les émotions qui font les poètes immortels. « Les poètes immortels ont eu l'instinct profond de ce qui fait la grandeur de l'homme, l'instinct des choses que l'œil ne voit pas, et ils ont senti la vie palpiter sous l'écorce prête à se détacher du vieil arbre. » (T. III, p. 420) — « Tout être, quel qu'il soit, participe à l'amour. Il y a quelque chose de l'esprit divin dans tout ce qui est. » (T. I, p. 174).

Alors cet enfant se rassure et s'exalte. Il se rassure, car il trouve, dans ce nouveau sentiment de la vie, l'inébranlable appui qui lui manquait. Il s'exalte, car il vient de découvrir la source des plus hautes émotions poétiques. Il voit, dans l'union de la discipline et de l'amour, le principe des plus belles créations. Il saisit, dans ce sentiment religieux de la nature, l'axe de sa morale et la garantie de son génie encore incertain. En marchant, dans les sentiers de la recherche, vers la région des sources, il monte, douloureusement et triomphalement, vers les sommets où l'esprit rayonne.

L'enseignement du maître se poursuit de plus en plus fécondant. Il ne se contente pas de donner au disciple les directions générales qui préviennent les égarements de l'inquiétude. Il va peut-être lui fournir les motifs de son inspiration, car il lui fait comprendre la grandeur de ces mythes antiques où l'imagination des premiers hommes traduisait, dans la beauté des formes plastiques, leur sentiment de la Loi et leurs plus beaux désirs.

Jupiter Zeus, c'est la Loi qui gouverne le monde.

Minerve Athéna, c'est la Pensée qui crée la civilisation et qui triomphe des Barbares.

Apollon Phoibos, c'est la lumière de l'esprit qui chasse les fantômes, et la lumière du cœur qui poursuit les Erinnyes sanguinaires.

Hercule Héraclès, c'est la force libératrice qui assure le triomphe du droit sur les puissances ténébreuses.

Vénus, la Vénus d'Homère et de Platon, de Lucrèce et de Virgile, la Vénus que Lamennais invoque avec la ferveur de sa pensée qui cherche les sources du monde, n'est pas la divinité qui trouble le désir humain ni le symbole décevant de nos passions capricieuses, mais « la grande force divine par qui tout sent, tout respire et tout aime. »

Lamennais, qui explique la portée morale de ces symboles, remonte plus haut dans le lointain des âges. Il dévoile le sens ésotérique des mythes de l'Inde. Il ouvre devant son disciple ces grands livres, presque aussi solennels que la Bible, qui s'appellent la Mahabbarata et le Ramayana, et il déclare (t. II, p. 359) : « Cette poésie de l'antique Orient se distingue par une puissante vertu plastique et par une étonnante grandeur de pensée... » Retenons ces paroles qui définissent la poésie antique et s'appliqueront si bien aux poèmes du *Centaure* et de la *Bacchante*.

Ici le disciple sent enfin la joie qu'apporte la lumière, et le calme qui engendre la force. Il éprouve cette chaleur d'âme qui soulève le génie, dans le silence des heures créatrices, quand les formes de l'art et le rythme léger des mots s'offrent spontanément pour traduire ses pensées les meilleures. Une première ivresse, une première vague d'inspiration le ravit dans l'imaginaire. Les linéaments de ses œuvres futures se dessinent et ne s'effaceront plus. Cette nature dominatrice qu'il ne convient plus de mêler à nos petites mélancolies, — cette nature divine qui dispose de l'éternité du temps et de l'espace, — cette nature qui est une magnifique et permanente illustration de l'idée de Loi, — cette nature qui signale dans ses manifestations les plus brèves l'empreinte même de Dieu, — ces mythes antiques qui traduisent cette puissance naturelle et divine, — et ces symboles plastiques qui mettent l'art au service de ces pensées religieuses, — quelles évocations surprenantes ! Quelle grandeur dans le déroulement de ce paysage intellectuel ! Quel programme inépuisable se déploie devant ce jeune homme qui sent grandir son génie avec sa volonté ! Et les symboles du *Centaure* et de la *Bacchante* commencent à se lever, et les leitmotifs de ces poèmes, qui sont des effusions lyriques, murmurent dans les avenues mystérieuses de son âme, avec le charme des incantations.

Donc l'action de Lamennais fut profonde. Laissons-la se révéler dans la lumière des multiples rapprochements qui s'imposent.

Quand Lamennais répand autour de lui l'ardeur de son libéralisme, Maurice ressent l'effet de ces appels généreux, et il écrit dans son *Journal* : « Nous devons tous au bien général le sacrifice de nos passions. » (4 mars 1833.)

Quand Lamennais, signalant le danger de la solitude, montre que le bonheur de l'homme est lié à sa puissance d'expansion dans l'universelle harmonie, la mélancolie de Maurice s'apaise dans le sentiment des nécessaires solidarités. « Il n'y a pas d'isolement pour qui sait prendre sa place dans l'harmonie universelle. Alors on va jusqu'à sentir presque physiquement que l'on vit de Dieu et en Dieu. » (21 mars 1833.)

Quand Lamennais, s'élevant à l'éclat biblique, décrit la Création comme une effusion perpétuelle de Dieu qui aspire à retourner en Dieu, Maurice contemple ce mouvement de bonté et ce mouvement d'ascension, et il s'écrie : « Oh ! c'est un beau spectacle à ravir la pensée que cette immense circulation de vie qui s'opère dans l'ample sein de la nature ; de cette vie qui sourd d'une fontaine invisible et gonfle les veines de cet univers. Obéissant à son mouvement d'ascension, elle monte, de règne en règne, toujours s'épurant et s'ennoblissant, pour faire battre enfin le cœur de l'homme qui est le centre où ses mille courants viennent aboutir de toutes parts. Là elle est mise en contact avec la divinité ; là, comme sur l'autel où l'on brûle l'encens, elle s'évapore, par un sacrifice ineffable, dans le sein de Dieu ». (30 mars 1833.)

Quand Lamennais chante la participation de la nature entière à la beauté d'une œuvre d'amour, Maurice admire celui qu'il appelait un grand poète, et il entonne son hymne à cette puissance d'amour qui soulève le monde. « L'amour qui parle, chante, gémit dans une partie de la création, se révèle dans l'autre moitié sous la forme des fleurs. Toute cette floraison qui resplendit dans la campagne, c'est l'expression de l'amour, c'est l'amour lui-même qui célèbre ses doux mystères dans le sein de chaque fleur. » (31 mars 1833.) — « Les forêts futures se balancent imperceptibles aux forêts vivantes. La nature est tout entière aux soins de son immense maternité. » (22 mai 1833.)

Quand Lamennais oppose, à l'art qui décrit la beauté des apparences, la méditation qui pénètre au cœur de la vie et aspire le souffle même de l'esprit divin, Maurice comprend le danger de cet amour de la nature qui nous attache aux formes passagères et dérobe l'esprit à la pensée de Dieu. « Nous ouvrons largement nos yeux terrestres et nous ne comprenons rien à la nature. Nous n'avons l'intelligence que des formes extérieures, et point du sens, du langage intime, de la beauté en tant qu'éternelle et participant à Dieu. » (15 mars 1833.)

Enfin, quand Lamennais, définissant les poèmes antiques de l'Inde, révèle cette union singulière de la beauté plastique et du symbolisme moral, Maurice apprend que la poésie française peut être renouvelée par cette association de l'Art et de la Pensée, et il méditera bientôt les poèmes du *Centaure* et de la *Bacchante*.

L'action du Maître fut féconde. Dans le *Journal* trop ouvert à la plainte, elle insère çà et là les interventions souveraines de la vaillance. Donc en quittant La Chênaie (septembre 1833), Maurice emportait une pensée plus ferme et un cœur moins replié. Quelques mois plus tard, le 16 juillet 1834, il signale, par un aveu décisif, l'efficacité de cette influence que les espérances du journal *l'Avenir* (1831) ont fait naître, et qui se prolonge, pendant neuf mois, dans le charme et l'exaltation d'une retraite studieuse. « Je commence à remarquer au-dedans de moi une chose qui adoucit un peu mes misères intimes : c'est le progrès de mon âme dans l'amour et l'intelligence de la liberté. C'est en 1831 que mon cœur a tressailli pour la première fois à ce nom... J'ai passé deux ans et demi borné aux rêveries timides et vagues d'un premier amour qui s'ignore lui-même et se nourrit de peu. Mais, depuis quelques mois, j'éprouve des mouvements d'âme violents, et, de temps à autre, il me vient comme des bouffées d'une chaleur puissante et enivrante qui se répandent dans mon sein. Les rêves nonchalants et indécis prennent de la consistance et deviennent actifs ; ils se transforment insensiblement en pensées fortes et pleines. »

Cette page, qui est l'aveu d'une influence persistante, apporte le témoignage de la gratitude de Maurice de Guérin. Nous comprenons maintenant tout ce qu'il a mis de ferveur dans cette plainte où nous allons entendre l'appel d'une âme en détresse. Lamennais, condamné par ses chefs, va partir pour un long voyage, et le disciple, qui ne reverra plus son maître, pousse ce cri de douleur qui retentit là-bas, au cœur d'Eugénie, dans la solitude du vallon : « Ma chère amie, je pleure et m'abandonne à la douleur comme un orphelin. Que deviendrons-nous sans lui, nous, jeunes gens qu'il guidait vers la science et l'art, qu'il nourrissait de son lait, qu'il réchauffait contre son sein ? Qui guidera mon âme comme il faisait ? Qui m'enveloppera de la paix et de la solitude dont il m'avait couvert ? Où sera mon asile ? » (19 janv. 1834.)

Comment a-t-on pu dire que Lamennais n'a pas compris et n'a pas aimé le génie naissant de Maurice de Guérin ?

*_**

Il nous a semblé juste de soumettre notre esprit à l'effet de cette évocation qui permet d'assister à l'éclosion d'une pensée et d'une volonté sous le souffle créateur d'une grande âme. Là-bas, à travers la solitude des landes bretonnes, dans ce paysage recueilli qui a entendu les désirs des Lamennais et des Lacordaire, des Montalembert et des Gerbet, sous ces beaux ombrages qui offrent à l'imagination d'un Puvis de Chavannes les motifs inspirateurs des Bois sacrés et des Visions antiques, nous pouvons contempler le spectacle d'une sensibilité qui se libère, d'un esprit qui se lève dans la clarté, d'un cœur qui renaît à la vie. Car un ordre nouveau se manifeste dans la pensée de l'adolescent et va diriger sa puissance. Précédemment nous avons vu en lui la victime du désir indiscipliné. Il s'attardait dans le sortilège du rêve. Il se dévorait dans le tourment de l'analyse ; et, si nous n'avons pas oublié de le plaindre, nous n'avons pas manqué de déplorer son erreur. Mais il a entendu la leçon d'une nature qui lui montre la grandeur, et d'un homme qui lui révèle la force de l'esprit humain ; et ce double enseignement, loin d'accabler sa faiblesse, fait jaillir du fond de lui-même les sources de la régénération et de la vaillance. Alors, il se juge et il se condamne ; et, avant les suprêmes atteintes du mal qui va l'épuiser, il écrira des pages nobles et belles. Ainsi nous pouvons apprendre, par cet exemple éclatant, comment un mélancolique se redresse, comment un romantique se corrige, comment un malade domine son mal.

CHAPITRE VIII

LA MÉDITATION SUR LA MORT DE MARIE

L'influence de la nature bretonne et de l'enseignement de Lamennais, si marquée déjà dans le *Journal*, est particulièrement saisissable dans un poème longtemps inédit que M. Anatole Le Braz a publié dans la *Revue de Paris* (1er août 1910), sous cette désignation : *Pages sans titre*, — pages si émouvantes par la richesse de la pensée et la splendeur de la forme qu'elles s'élèvent à la beauté du *Centaure* et de la *Bacchante*.

***

Après la condamnation de la doctrine mennaisienne (sept. 1833), Maurice de Guérin quitta l'asile de La Chênaie. Il passa quelques semaines, jusqu'au 21 janvier 1834, au Val, à l'embouchure de l'Arguenon, auprès de son ami Hippolyte de La Morvonnais, devant un paysage ennobli par la tristesse des landes bretonnes et le murmure de la mer. Un an plus tard, le 22 janvier 1835, Madame

de La Morvonnais mourait, à 26 ans, d'une fièvre
foudroyante. C'était une âme rare et profonde,
toujours agitée par le frisson du scrupule et les
ardeurs de la fièvre, et désignée par sa délicatesse
à la mélancolie des longues consomptions. Eugénie
de Guérin, qui l'a bien connue, l'appelle « une âme
sauvage, triste, orageuse, enveloppée de brouillards
comme sa Bretagne », et Maurice fut si sensible
à tant de charme dans tant de pathétique, qu'il l'a
aimée d'une tendresse respectueuse, avec ce mélange d'ardeur et de pureté qui donne à l'amour
le caractère d'un culte dans la noblesse d'un sentiment religieux.

Cette disparition agita l'âme du poète dans ses
profondeurs. Il médita son chagrin avec l'énergie
de la souffrance inconsolée. Lamartine, à la mort de
Julie, composa ses chants les plus mélodieux.
Maurice de Guérin, à la mort de Marie, écrivit ses
pages les plus émouvantes. Dans l'âme de Maurice
et dans l'âme de Lamartine, la mort détermina
l'éclosion du génie dans l'explosion de la douleur.

Nous possédons une lettre de Maurice, écrite,
sept jours après la catastrophe, à son ami Amédée
Duquesnel. Cette lettre en partie inédite a été
publiée dans *le Correspondant* (10 juillet 1912)
par M. l'abbé Barthès, si éclairé sur l'œuvre guérinienne. Cette lettre semble annoncer, par un résumé
puissant, une longue méditation, comme si elle
était le prélude du chant que nous allons entendre.

A ce titre, elle mérite d'être connue. « ... J'ai recouvert de deuil la scène charmante de mes souvenirs. Le doux visage dont les contours tremblaient légèrement dans ma mémoire s'est établi devant mes yeux, mais mon imagination a fait comme la mort : elle l'a couvert de pâleur, elle a frappé ses lèvres d'une teinte rose expirante et fermé ses yeux pour jamais. J'ai rompu l'idée de son existence terrestre, je l'ai effacée du monde extérieur... Tout est substitué, tout un ensemble de vie actuelle s'est retiré de mon âme, et j'ai vu venir à sa place les images et la forme du monde incorruptible, du monde inconnu qui nous avoisine. Je presse avec amour dans mon sein et je considère attentivement ces nouvelles apparences qui portent des traits chéris. J'invoque pour attirer à moi le plus que je pourrai de ces hôtes secrets autour desquels la douleur s'empresse et qui la confirment dans son espérance. Cependant le ressentiment du coup terrible ne s'affaiblit pas ; l'âme a beau vouloir se retirer dans ses ombres pour gémir à part sans aucune marque au dehors, la nécessité des larmes l'opprime. »

La *Méditation sur la mort de Marie*, où la douleur concentrée de cette lettre va s'épanouir en un chant retentissant, est une méditation lyrique : elle nous offre en effet l'expression d'un certain nombre de thèmes qui traduisent la pensée et la sensibilité du poète.

***

Cette méditation s'encadre dans un paysage chargé de magnificence. Toujours Maurice de Guérin exprime le chant de son âme sous le regard de la nature, comme s'il ne pouvait séparer sa vie intérieure de la vie même de l'univers. Sa souffrance et son allégresse se déroulent dans la sympathie des choses qui vivent autour de lui et qui le dominent ; car le courant de sa vie sentimentale se mêle toujours au courant de la vie universelle, comme s'il avait besoin, pour se répandre sans contrainte, d'être soulevé par le souffle qui mène le monde. Dans ce constant souci de fondre sa vie dans la vie des choses, gardons-nous de voir l'adresse d'un artiste qui élève autour de son âme des images somptueuses pour embellir dans l'éclat de ces formes ses brèves agitations. Saisissons plutôt le mouvement, à la fois modeste et puissant, d'un cœur qui se place au cœur de la vie et atteint ces régions profondes où le pathétique de la nature et le pathétique humain s'accordent, parce qu'ils manifestent l'énergie vitale dans l'ardeur de ses plus beaux rayonnements. Une grande âme qui vit dans un paysage paré de grandeur réalise soudain et fait éclater l'harmonie de ces deux pathétiques.

L'âme défunte renaît dans la clarté de ce paysage. Le long des grèves bretonnes, Maurice et Marie ont éprouvé la puissance des hautes pensées qui surgissent toujours, dans les cœurs bien nés, devant la splendeur. Émus par la solennité qui monte de la mer, ils s'élèvent aux sommets de leur âme. Ainsi, quand le poète accablé par le chagrin évoquera celle qu'il ne voit plus, il la replacera dans ce brillant cortège, sans dissocier l'harmonie de cette âme et les harmonies extérieures qui chantent dans le souvenir. C'est pourquoi, au début de cette méditation, le poète a décrit un tableau si émouvant.

C'est une marine d'une beauté surprenante, puisqu'elle éclate d'un éclat singulier dans le voisinage des tableaux d'un Bernardin de Saint-Pierre, d'un Chateaubriand, d'un Pierre Loti. Dans cette marine incomparable viennent se fondre et s'exalter ces quatre motifs de nos émotions les meilleures : la grandeur du soir sur la mer, la majesté de la solitude, l'étonnement de la pensée humaine devant tant de magnificence, la mélancolie de l'amour que la mort va briser. « La mer s'était retirée avant notre venue : nous attendîmes son retour. Comme une pensée qui s'est longtemps balancée dans le lointain de l'âme se soulève enfin et fait avancer ses ondes, la mer se mit en marche vers nous. Une brise, comme une inspiration céleste, hâtait le progrès de la marée, et donnait aux nappes que les lames projetaient plus de déploiement et d'écumes. Les oiseaux de marine quittaient les écueils lointains et suivaient la mer, ainsi que les solitaires le flot montant de leurs pensées, jusque dans l'anse la plus reculée où le dernier pli des eaux s'éteint avec un léger frisson sur quelques palmes de sables unis. La marée montait de l'Occident : le soleil, suivi de ses nuages comme l'Océan de ses oiseaux, y descendait. Ces divins éléments, l'eau et la lumière, qui se pénètrent avec tant d'amour dans la fumée des cascades, le calme des lacs, la pureté des neiges et l'ondoyante mobilité des nuages, se séparaient avec mélancolie et étendaient leurs adieux sur toute la face de l'Océan. Peu de temps après la chute du soleil derrière un promontoire bleuâtre, le silence universel s'accomplit. Nous n'entendions guère plus que le froissement léger de nos haleines qui alternait avec le bruissement clair et régulier des vagues. — C'est au milieu de ce spectacle que je me ramène de préférence pour engager mes pensées dans cette issue étroite, par où nos rêves s'élèvent dans le monde que vous habitez, comme un filet de fumée incertaine. C'est là que mon esprit se déroule, silencieusement, comme le soir, et vous enveloppe, vous et les grandes questions, dans les ombres d'un culte secret. »

Il faut remonter aux poèmes de l'Inde et jusqu'à la Bible pour trouver des accents de cette qualité et des images d'une telle ampleur. La mélancolie du poète, qui se déploie sous ses voiles de plus en plus gonflées par le vent de l'émotion lyrique, demande à la nature ses formes les plus opulentes pour se traduire avec une grandeur égale à son retentissement.

***

Nous ne sommes pas surpris si nous ne retrouvons plus, dans ces pages ardentes et calmes comme une prière, l'agitation d'un cœur égaré. La qualité du sentiment qu'il éprouve l'arrache à cette agitation. Le poète a franchi les régions de la fièvre, et la beauté de l'âme qu'il contemple dirige son élan vers les méditations les plus hautes. Au lieu de s'attarder sur la beauté des apparences, il va interroger le cœur de l'univers, et la nature lui paraîtra divine parce qu'elle est embellie par le souvenir glorieux de l'âme défunte.

Un sentiment nouveau se déploie dans ces pages méditées. Le poète ne voit plus dans la nature les enchantements ou les révoltes d'une amante romantique. Il ne va plus vers elle avec le délire de son orgueil. Il ne se mêle plus à elle avec la folie d'un cœur amoureux. Il s'incline devant sa grandeur, parce qu'elle est illuminée par le rayonnement d'une grande âme, et il lui apporte son hommage ardent et pieux, — ardent comme l'ardeur imposée par le mystère et pieux comme la prière inspirée par le sentiment du divin.

Le sentiment de l'amour qui envahit son cœur accablé est projeté sur le monde, et le monde apparaît comme soulevé par l'amour. Alors l'identité de l'Amour et de la Vie est proclamée, et le poète montre les triomphes de l'amour dans l'agitation des océans et la sérénité des cieux. Cette métaphysique vivante, où l'amour construit l'univers, unit la profondeur de la pensée à la beauté de la poésie. L'art de Platon est retrouvé, puisque l'éclat de la vérité se confond avec la splendeur du Beau. « Un appel puissant et secret convie les éléments les plus vifs de la matière à se former, pour s'y développer, autour d'un point désigné. Pleins d'amour, ils se composent et s'ordonnent dans la plus étroite union. Cette étreinte ardente des éléments, c'est la vie de toute forme généralement, soit qu'elle renferme un organisme, soit que, privée du mouvement intérieur, elle ait reçu une vie compacte insensible ou plutôt l'organisme indissoluble de l'immobilité. La forme, c'est le bonheur de la matière, l'éternel embrassement de ses atomes ivres d'amour. Dans leur amour, la matière jouit d'elle-même et se béatifie. C'est pourquoi l'âme, pauvre molécule d'intelligence, séparée de l'unité des esprits, contemple avec tant d'avidité, à travers les sens, la forme bienheureuse. L'âme dans ce monde est condamnée au spectacle de la volupté. »

Ici les formules verbales ne présentent pas, dans le durcissement des abstractions mortes, les synthèses desséchées de la métaphysique. Elles vivent d'une vie ardente, parce que le poète qui médite est un poète primitif, qui répand son âme dans l'âme des choses. Donc il ne dissocie pas ce qu'il sent et ce qu'il pense, mais il confond, au contraire, dans l'ardeur d'une sympathie traversée par l'élan du monde, l'amour qui rapproche deux cœurs humains et la force d'attraction qui compose dans la beauté les énergies dispersées des atomes.

Écoutons la suite de ce chant de l'amour triomphant, qui nous apporte l'écho des pensées les plus révélatrices auxquelles s'élevait l'inspiration des Parménide et des Pythagore, — dans ces temps lointains où l'esprit de l'homme ne se mutilait pas dans le heurt de ses distinctions arbitraires. « Quant aux corps organisés dont les éléments se rassemblent, se séparent pour aller s'entrelacer de nouveau, ils sont semblables à des groupes qui se forment et qui se rompent, qui se ferment et qui s'ouvrent. En se fermant, ils emprisonnent quelquefois un esprit immortel ; en s'ouvrant, ils lui rendent la liberté. Ainsi, à la surface de la terre, tout se dénoue et se renoue. La loi de la vie est un accord animé et gai ; la loi de la mort est un accord mélancolique qui l'accompagne. Le chœur des êtres règle ses pas sur cette mélodie. »

Celui qui pénètre les secrets de la vie avec cette ferveur va s'élever au sentiment religieux de la nature. Le rythme universel découvre sa beauté divine, et les détresses du poète se calment devant les vérités révélées. Rassuré par cette force d'amour qui organise le monde, et fortifié par cette collaboration des lois qui montre partout la victoire de l'ordre, l'esprit du poète éprouve l'ivresse des stoïciens antiques devant la beauté du Cosmos. Donc nous allons retrouver l'optimisme d'un Marc-Aurèle et l'inspiration d'un Cléanthe, — de Cléanthe le véritable fondateur de la morale stoïcienne, — de Cléanthe qui fut le poète de l'amour universel, — de ce Cléanthe dont Cicéron déclare qu'il était ivre de divinité « *quasi delirans* », tant il sentait dans les apparitions de la vie la présence même d'un Dieu. Dans cette méditation guérinienne, nous entendons la même gravité dans le même mysticisme. Le poète se sent enfin libéré, et il proclame sa délivrance parce qu'il a porté la lumière dans son cœur assombri. Nous comprenons pourquoi sa gratitude s'exprime çà et là en des phrases cadencées comme des strophes. En les détachant dans le relief de l'isolement, je ne trouble pas l'ordre ascensionnel de la pensée, mais je souligne le mouvement lyrique de ces élévations vers la nature.

« Qu'importe la vie, sinon pour rechercher ce qu'elle est ! Frère de toute existence, une voix cachée et persuasive me dit de les visiter toutes, de porter les joies naïves de l'être et les félicitations sublimes de la vie jusqu'au pied de l'organisation végétale la plus simple et la plus foulée. »

« J'ai longtemps détourné mon esprit de ces vues pour dégager un point douteux dans un coin sombre de ma nature. Je refusais l'oreille aux accents qui résultent de l'intérieur du monde, pour me pencher en moi-même et y saisir la vibration subtile d'une fibre inquiète. Je m'ensevelissais dans un oubli profond des lois dont je dépends de toutes parts, ou, si j'en entrevoyais quelqu'une, je frissonnais et cachais ma tête dans le sein horrible de la peur.

« Je fermais mon être et le contractais pour le rendre impénétrable. Douce respiration, flux et reflux de la vie universelle dans le sein de l'homme, reprise continuelle d'un embrassement maternel entre la nature et la vie qu'elle a créée et cachée en nous, je me défiais de toi ! Retranché dans une personnalité craintive et jalouse, ennemi de toute chose par frayeur, j'étais possédé de tout l'égoïsme de l'être que dût ressentir une molécule vivante et ayant conscience d'elle-même, s'il s'en trouve de perdue dans le chaos.

« Insensiblement ma confiance s'est dilatée. Elle est lente à croître comme les jours, mais ainsi que la leur, son développement est vital et répand dans mon sein une chaleur féconde. Qui a ménagé ce rapprochement gradué entre mes frayeurs cruelles et l'entrée de mon intelligence dans la société paisible et sublime de l'ordre où je vis ?

« Aujourd'hui, je me mêle, comme au chœur des Muses qui appelaient les poètes antiques sur le sommet des montagnes, à ces lois morales et physiques dont je repoussais les embrassements avec terreur. Je les appelle douces et bienfaisantes, et leurs mains étendent sur mes lèvres amères un miel sauvage et fort cueilli dans les antres secrets de la nature ou dans le cœur des chênes primitifs. »

Quelle sincérité dans la plainte et quelle gravité dans la joie de la guérison ! Quelle force dans cette clairvoyance qui dissipe les anciens prestiges et quelle ardeur de gratitude vers ces Lois qui apportent la sérénité ! La fièvre est apaisée par le mouvement bienfaisant de ce sentiment religieux. Ainsi, dans sa vie si brève, ce douloureux et puissant génie a su accomplir cet acte de redressement que nous admirons dans l'œuvre des poètes romantiques. Comme ses grands rivaux, il s'est rendu digne de suivre ce mouvement de l'inspiration qui se libère et s'épanouit. Car ceux qui lancent contre le romantisme un réquisitoire sans nuances oublient que les plus grands ont reconnu leur erreur et apporté le remède aux maux qu'ils ont propagés. Victor Hugo n'a pas maintenu longtemps le ton arrogant de cette Préface des *Orientales* qui abandonne le génie à tous les vents du caprice, et il n'a pas tardé à considérer le poète comme le Mage qui se soumet au souffle des prophètes pour guider l'humanité vers le meilleur destin. Alfred de Vigny a condamné la révolte inutile et la mélancolie prématurée du jeune Chatterton pour faire entendre, dans la *Bouteille à la mer*, la proclamation de sa foi dans la puissance de l'Idée et pour chanter, dans l'*Esprit pur*, les victoires de la poésie philosophique. Lamartine a désavoué la plainte individuelle des *Méditations* pour ouvrir son âme aux souffrances de la foule et gémir toutes les douleurs sociales. Le poète des *Nuits* ne s'est pas contenté d'exhaler son gémissement : le compagnon inquiétant de Rolla connaîtra le trouble d'un cœur plein de pitié pour des maux inconnus, et Musset, oubliant le chagrin de Musset, montera vers les sommets de l'*Espoir en Dieu*.

Comme ses contemporains les plus glorieux, Maurice de Guérin a vaincu ses tendances romantiques ; et l'enseignement de son Cayla, qui lui avait montré la beauté disciplinée de son paysage virgilien, s'est fortifié dans cette leçon d'énergie et de classicisme qu'apporte le véritable amour de la nature dans le respect des lois universelles et la contemplation de l'architecture du monde.

Les deux thèmes que nous venons d'indiquer, — le paysage confidentiel et le sentiment religieux de la nature, — se retrouvent dans le *Journal* et reparaîtront dans les Poèmes. Trois thèmes nouveaux, encore inexprimés, vont donner à cette méditation une originalité singulière : la douleur est créatrice, — l'ombre et la nuit répandent la clarté des révélations, — l'amour triomphe de la mort.

La douleur a une puissance créatrice. Quand nous

sommes accablés par un de ces chagrins qui laissent une meurtrissure incurable, quand la disparition d'un être qui possédait tout notre être égare dans le désespoir notre âme désemparée, alors la vie, en nous et hors de nous, subit une pathétique métamorphose. En nous, c'est un désert semé de ruines, et, devant ce désert et ces ruines, se répandent le tumulte de la plainte et le trouble laissé par le départ de l'espérance. Hors de nous, la nature se recouvre d'un voile funèbre, parce que nous lui imposons le respect de notre chagrin. Les mouvements des hommes qui se détournent de notre misère nous paraissent ressembler aux mouvements insensés des agitations inutiles, et nous croyons vivre parmi des ombres. Seule, à travers ce paysage dévasté, se dresse dans une lumière d'auréole l'image aimée que nous portons en nous, l'image que la douleur anime et qu'elle projette sur le monde.

Mais si nous sommes capables de regarder en face la souffrance pour comprendre l'enseignement qu'elle donne toujours à la force, alors cette douleur, qui nous dispersait dans le bruit de la plainte et la vanité des protestations, s'écarte des régions bruyantes et descend dans les cryptes intérieures ; et là, dans le mystère, elle pénètre l'âme et la façonne à son tourment infatigable et désormais silencieux· C'est la vie véritable de la douleur qui commence. Car la douleur sculpte en nous une âme neuve, en élaborant dans le secret une vie écartée qui paraît à la fois éblouissante et mélancolique. Elle élimine les parties inférieures de notre vie passée. Elle met en relief les motifs essentiels de vivre. Sous l'ardeur prolongée de son feu brûlant, elle assainit les marécages de l'âme, et, sur ces terres renouvelées, elle fait jaillir les sources profondes. Alors une vie nouvelle, purifiée par la souffrance, s'épanouit dans la lumière et fait rayonner l'espérance qui nous semblait abolie.

Cette force informatrice de la douleur, notre poète, qui a regardé et médité sa souffrance, l'a décrite dans cette page émouvante : « La douleur a une puissance occulte... Tandis que l'élément pesant et grossier de la douleur s'échappe par les larmes et tous les signes d'affliction qui éclatent d'abord, la partie pure, spirituelle et vraiment de durée se retire dans le fond de l'âme, sans bruit, sans émotion des sens, pour y séjourner jusqu'à la fin, recueillie et vigilante. De cet asile, elle gouverne secrètement la pensée et la vie tout entière. Par une puissance qui agit avec précaution et dans le mystère, elle entreprend la transformation de l'âme. Placée au centre de la vie spirituelle, elle peut disposer de toute la vie intérieure par les origines, et régir l'âme, comme Dieu le monde, par la science et la possession des premiers principes. »

Ainsi la douleur possède une force d'élan qui dissipe autour d'elle les apparences qui tremblent. Spontanément, parce qu'elle est une puissance directe et emportée par sa puissance même, elle plonge au fond de la vie. Elle renouvelle nos perspectives en créant dans nos profondeurs des pensées plus clairvoyantes et des volontés plus décisives. Avec quelle tranquillité dans le dédain, elle trouve légers nos quotidiens soucis ! Avec quelle noblesse elle vit dans l'ardeur des cimes ou dans le repliement des ténèbres ! Avec quelle puissance elle concentre dans le sublime nos désirs purifiés ! La pensée de la mort surélève la vie et la porte aux régions où l'absolu silence laisse entendre la voix divine. C'est pourquoi une âme que la douleur a ravagée nous paraît si auguste. La majesté l'enveloppe, et, sous l'auréole de sa couronne d'épines, sa grandeur s'impose à notre respect.

Nous comprenons pourquoi la douleur de celui que la douleur renouvelle paraît si étrange à nos regards que la vision de la mort n'a pas encore éclairés. Imprudents que nous sommes ! Nous plaignons ce solitaire qui paraît s'épuiser dans sa douleur. Nous le trouvons semblable à une ombre qui poursuit le fantôme d'une ombre. Et pourtant, il vit avec plénitude dans la paix de ses profondeurs illuminées, quand nous tâtonnons dans le trouble de nos demi-ténèbres. Soyons capables de comprendre, avec l'appui des confidences qu'il faut pénétrer, les prestiges de cette existence secrète. « L'âme (que la douleur va transformer) éprouve le sentiment d'une existence double et mystérieuse, d'une existence qui se retire et d'une existence qui monte. Ou bien encore c'est une habitude solitaire de recherche interne ou de spéculation écartée, qui se détache des profondeurs où elle aimait à vivre en creusant, et cherche avec inquiétude des ténèbres plus fécondes que celles de la personnalité humaine. De tout ce qui vivait dans la substance de l'âme une partie est dans le dépérissement et bientôt mourra : l'autre a gardé la vie, mais sous des conditions nouvelles. »

Remarques profondes et qui expliquent les miracles de ce renouvellement ! La vie de la douleur est créatrice, parce qu'elle déplace les valeurs des choses et surprend des correspondances insoupçonnées. Le geste de la douleur a la beauté souveraine du geste créateur qui perce tous les voiles et fait apparaître sur nos sentiers ténébreux l'éclat de la vie véritable. Toutes les grandeurs se rapprochent et se rassemblent sur les sommets où les synthèses se découvrent et d'où partent les rayons libérateurs : le savant qui découvre des rapports cachés et illumine les lois encore obscurcies ; — le poète qui prononce les paroles prophétiques en montrant les chemins qui mènent à la Terre promise ; — le héros qui répand la clarté du sublime sur les ombres et les fadeurs de la réalité ; — le grand désespéré qui fait sortir de son désespoir la magnifique espérance. C'est pourquoi les poèmes de la Douleur, quand ils traduisent une âme héroïque, sont les triomphes de l'exaltation. Le livre de Dante, où l'on croyait entendre la plainte de l'exil et de la défaite, a créé l'Idéal qui doit construire les nations latines. Les chants de Vigny, où semble retentir la détresse, offrent, dans leurs sentences d'oracle, le bréviaire du stoïcien. Les pensées de Pascal nous annulent dans le néant pour diviniser notre souffrance et la redresser vers le ciel.

****

Maurice de Guérin a donc le droit d'ajouter : « Les facultés détournées de leurs sujets accoutumés se dirigent sur des points plus élevés et plus nébuleux. Déjà de mélancoliques impatiences pressent en secret l'esprit renouvelé de commencer ses recherches dans la nuit grande et attrayante. »

La nuit est grande. La nuit est attrayante. L'âme endolorie comprend cette grandeur et subit le charme de cet attrait. Car les révélations de la nuit sont à la fois mystérieuses et éclatantes.

Cette douleur se complaît dans le silence et s'attarde dans les ténèbres. Car l'ombre et la nuit sont les compagnes fidèles de la douleur qui se nourrit de sa douleur même, — de la douleur qui s'attache à son mal parce que ce mal toujours ressenti maintient dans l'âme charmée la pureté d'un grand souvenir. C'est alors que l'ombre et la nuit

tapportent à la sensibilité des poètes les secrets don
elles sont chargées.

L'ombre et la nuit ne sont pas seulement inspiratrices, parce qu'elles favorisent la fécondité du silence.
Elles sont révélatrices, parce qu'elles nous dérobent
au mensonge des apparences pour nous placer
devant le mystère. Dans la solennité de l'ombre
et la gravité de la nuit, la vie véritable répand ses
plus beaux effluves et fait entendre la chanson des
sources. Qui sait si l'obscurité n'est pas le sombre
creuset où s'élaborent les rayons des clartés futures ?
Qui sait si l'œil perçant du génie ne voit pas dans les
ténèbres les ébauches de l'avenir et les directions du
destin ? N'est-ce pas dans l'ombre que surgissent
nos aspirations les plus hautes ? N'est-ce pas dans
le silence de la nuit que se fait entendre le bruit
léger des mots qui traduisent le mieux nos pensées
les meilleures ?

Dans le déroulement de notre vie coutumière,
notre esprit tremble et tâtonne, parce qu'il est chargé
de chaînes. Les bruits du désordre nous accablent
et nous empêchent de nous libérer dans le sentiment
des vérités simples et claires qui apportent le calme.
Nous nous laissons envahir par l'inutile, et nous
nous absorbons dans l'éphémère, parce que nous
n'avons pas la force d'écarter de nos âmes ces agitations qui nous dépriment dans le malaise obstiné
de leurs tiraillements. Malheureux que nous sommes !
Nous amortissons nos énergies qui pourraient être

invincibles, et nous énervons notre sensibilité qui devrait être si lumineuse, parce que nous arrêtons l'audace de nos générosités pour écouter le murmure de notre fatigue. Nous ne savons pas gravir le dur sentier du silence et retenir autour de nous la majesté de la nuit d'où émanent les éclairs. Comprenons pourtant la leçon que nous donne toujours la grandeur. Tous les héros de l'action et de l'art ont mérité leurs triomphes, parce qu'ils ont déchiré les voiles longuement tissés par la faiblesse des hommes entre la vie profonde si insoutenable aux médiocres et la vie quotidienne qui s'adapte aisément à nos médiocrités. Pour écouter la voix de Dieu, l'héroïsme ferme l'oreille aux bruits discordants du monde. Pour voir le chemin qui conduit la force à la gloire, les vainqueurs n'ont pas regardé les sillons des routes humaines, mais ils ont contemplé, dans l'espace où brillent les étoiles, les phares célestes qui signalent l'entrée du port dans les ténèbres de la nuit. C'est pourquoi, aux heures graves de la vie, nous recherchons le silence et la solitude et nous essayons d'accomplir les rites des génies créateurs : nous nous replions sur nous-mêmes, et nous écoutons les voix qui parlent dans l'ombre.

Nous sommes ici dans la région du mystère, et je n'y entre qu'en tremblant, et pourtant je sens autour de moi des appuis qui ne sont pas incertains, puisqu'ils me sont offerts par les plus grandes âmes, Rembrandt et Alfred de Vigny,

Lamartine et Victor Hugo, et Maurice de Guérin.

Rembrandt tire de l'obscur la magie de sa profonde lumière.

Alfred de Vigny parle du « silence sacré des heures noires », et il écoute la confidence d'Éva dans l'ardente pâleur de la nuit qui monte : « Nous nous parlerons d'eux à l'heure où tout est sombre, — où tu te plais à suivre un chemin effacé, — à rêver, appuyée aux branches incertaines. »

Lamartine, dans le mystère du soir, chante ses plaintes les plus mélodieuses, et, sous le baiser du rayon nocturne, il sent des transports inconnus : « Viens-tu révéler l'avenir, — au cœur fatigué qui l'implore ? — Rayon divin, es-tu l'aurore — du jour qui ne doit pas finir ? »

Victor Hugo est grand, parce qu'il est le confident de l'ombre et l'interprète de la nuit. Rappelons-nous qu'il a tremblé devant ce qu'il appelle « la grandeur crépusculaire », à l'heure où les lignes se dissolvent en ébauches de féerie, pour égaler la réalité à la beauté de la légende. Rappelons-nous le prestige de cette nuit traversée par l'aile des anges, de cette nuit caressante et majestueuse qu'il suspend sur la paix de Booz endormi : « Car on voyait passer, dans la nuit par moment — quelque chose de bleu qui paraissait une aile. » Rappelons-nous surtout que l'ombre et la nuit ont été les collaboratrices de ses visions les plus glorieuses. Le poète, qui entend ce que dit la Bouche d'Ombre, discerne ce que la nuit cache sous ses voiles, et, dans la troisième *Légende des Siècles*, il construit avec des surgissements d'ombre et des blocs de nuit des palais fantastiques que traversent des paroles étranges, des pensées annonciatrices d'un monde nouveau.

Et je n'ignore pas qu'on a dit en riant que ces visions sont les hallucinations d'une imagination délirante. Critique facile et courte ! Sourire d'enfant qui n'a pas compris ! Sur le bord du mystère, devant la magie de l'ombre et dans le noir de la nuit, si notre vue débile n'aperçoit que des simulacres, ayons du moins l'attitude du respect dans la pudeur du silence, et ne rions pas de ceux qui écoutent ce que nous n'entendons pas, et regardent ce qui échappe à notre vue. Le rire est la réponse un peu niaise de l'incompréhension qui ne peut pas comprendre. L'ironie est une échappatoire hasardeuse et légère.

Ce qui est sûr, c'est que Maurice de Guérin a senti, avec une intensité singulière, les révélations de l'ombre et les illuminations de la nuit. Ce mot, « les ombres », ce mot profond et chargé retentit souvent dans sa prose avec la solennité d'un refrain. Celui qui a dit : « Le calme et les ombres président au charme secret du sentiment de la vie » ; — celui qui a écrit : « Ombres qui habitez les cavernes de ces montagnes, je dois à vos soins silencieux d'avoir, sous votre garde, goûté la vie toute pure

et telle qu'elle me venait sortant du sein des dieux » ;
— celui qui, dans l'enchantement du crépuscule
et à travers « les lueurs mal essuyées par les ombres »,
entendait la flûte du dieu Pan et le chœur des divinités secrètes ; — celui qui s'écriait dans la détresse
de la douleur : « La nuit est grande et attrayante »,
celui-là aurait compris l'allégresse de Victor Hugo
devant les illuminations de la nuit. « C'est le noir,
disait Victor Hugo mourant, c'est le noir, et c'est
la lumière ! » Parole émouvante à laquelle répond
en écho cette parole mystérieuse de Maurice de
Guérin : « La nuit est remplie du calme des dieux ».

Écoutons maintenant et prolongeons au fond de
nous-mêmes la confidence guérinienne, quand la
douleur se purifie au charme des heures nocturnes.
« De toute grotte d'anachorète part un sentier qui
s'évanouit dans les ombres les plus secrètes de la
forêt. Tel est ce chemin où je rentre ; il plonge
dans l'obscurité et le silence des retraites les plus
dérobées, et j'y descends avec une lenteur plus
austère et une plus secrète joie que ne fit jamais
aucun anachorète, car une âme qui sortait de ce
monde me l'a révélé : c'est à sa lueur, tandis qu'elle
fuyait dans les ombres, que j'y ai marqué les premiers pas. » Dans cette contrée mystérieuse, le poète
est « saisi d'un parfum doux et pénétrant ». C'est
le souvenir de Marie qui monte et préside à la douceur de l'incantation. « Marie, qui était la forme
apparente de notre idéalité, est rentrée dans l'invi-

sible. Aussitôt mon âme a pris à sa suite dans les sentiers sourds et obscurs : poursuite longue d'où je ne la rappellerai pas, où elle apprend à reconnaître des marques empreintes hors de la matière et aspire avidement le parfum des ombres que son amie a traversées. »

**

La puissance informatrice de la douleur et les illuminations de l'ombre engendrent un nouveau thème qu'on peut définir : le triomphe de l'Amour sur la Mort.

La douleur éclairée par les lueurs de la nuit a suscité une vie intérieure d'une intensité singulière. L'objet de la douleur, qui a grandi dans le silence, se déploie dans l'empire d'un rayonnement illimité. La douleur d'abord accablante apparaît enfin victorieuse, puisqu'elle impose au monde la survie de l'être qui semblait anéanti par la mort. Miracle psychologique devant lequel il ne suffit pas d'incliner notre étonnement !

Nous l'expliquerons peut-être en accueillant les aveux des sensibilités créatrices. Car les grands maîtres ne sont éclairés que par les grands maîtres. Platon, Dante et Pétrarque nous aident à comprendre cette manifestation surprenante de l'âme guérinienne. Nous sommes élevés ici dans les régions inaccoutumées, et nous gravissons les plans successifs de la dialectique de Platon, du symbolisme de Dante et du mysticisme de Pétrarque.

Platon nous a révélé le triomphe de l'Idéalisme, en montrant que l'Idée est plus réelle que la matière. Le monde des corps est fragile comme la neige qui tombe sur le courant des ondes. L'Idée est le type souverain qui rayonne éternellement à travers les agitations des Temps et de l'Espace. Devant les aventures de la vie quotidienne, écartons l'apparence pour aller au cœur de l'Idée : alors la vie individuelle sera absorbée par la permanente grandeur de la vie essentielle, et l'Amour, qui crée l'harmonie des sphères, conduira les hommes vers la triple splendeur du Vrai, du Beau et du Bien.

Dante a pu renouveler le miracle des Prophètes en prouvant que la vie coutumière peut se plier à l'ordre des grandes pensées ; avec son verbe d'une puissance biblique, il a défini le destin d'un peuple et il a sculpté l'image de Béatrice pour élever au-dessus de la réalité douloureuse la beauté d'une figure divine qui inspire les énergies de l'humanité. C'est pourquoi la prophétie dantesque prolonge l'aspiration platonicienne, et le *Paradis* s'achève par un vers qui est la glorification de l'amour : « l'Amour qui gouverne le soleil et les autres astres ».

Pétrarque à son tour vient nous dire que l'amour véritable est l'épanouissement impérissable de l'âme dans l'ardeur du sentiment religieux. Ainsi le cœur enivré s'unit à l'âme divinisée qu'il invoque. Cet amour est une extase, parce qu'il est une religion,

L'amour guérinien, que soulèvent ces souvenirs de Platon, de Dante et de Pétrarque, s'exprime avec cet éclat dans la certitude. La souffrance se dresse en énergie, et la mélancolie monte vers les sommets où Dieu fait sentir sa présence. Alors tout est renouvelé par le soudain émoi de l'allégresse. Dans le cœur enfin apaisé, surgit l'image de Marie de plus en plus glorieuse. Sur l'univers qui a rejeté son voile de deuil s'épanouit une vie d'émerveillement. Car la nature, qui devient le symbolisme inépuisable de l'amour infini, prête ses formes à la glorification de l'amie perdue. Les arbres ont des frémissements qui sont des acclamations. Les fleurs se recourbent comme des encensoirs, et les bruits de la nature composent un cantique où l'univers retentit de toutes les émotions de l'amour.

L'amour qui semblait si dévastateur apparaît maintenant comme la grande force créatrice. Invincible et tout-puissant, il se soumet le monde, et le monde soumis est offert comme un hommage à la beauté et à la grandeur de l'âme disparue.

Pétrarque disait : « Il me semble l'entendre, lorsque j'entends les branches, les feuilles, les vents, les feuilles, les oiseaux et l'eau fuir en murmurant à travers l'herbe verte. » Lamartine prolongeait l'appel de Pétrarque dans son cœur apaisé par la méditation du soir : « C'est toi que j'entends, que je vois — dans le désert, dans le nuage : — l'onde réfléchit ton image, — le zéphyr m'apporte ta voix. — Ah ! si c'est vous, ombres chéries, — loin de la foule et loin du bruit, — revenez ainsi chaque nuit — vous mêler à mes rêveries. » Dans cette page de Maurice de Guérin, nous entendons le même chant de triomphe qui traduit l'élan d'un cœur enfin apaisé :

« Marie, il y a un an à peine, je vous voyais au milieu de cette familière réalité d'ici-bas qui nous captive par la triste sympathie du fini pour le fini. Maintenant, il faut pour vous trouver que je monte aux sources mêmes de l'être.

« Ma douleur sera soustraite aux hommes, mais emportée avec mon âme dans mes fuites profondes au sein le plus retiré de la nature.

« Ne trouverai-je pas le parfum de votre souvenir caché dans les herbes, et les vibrations de votre douce voix se propageant encore et remuant secrètement les anthères de quelque fleur ignorée ou le duvet d'une feuille sauvage ? Je découvrirai, dans un sein fidèle qui ne perd pas les empreintes, les mouvements que vos lèvres, votre main, votre pied léger ont imprimés aux éléments, et sur ces empreintes l'auréole de l'esprit qui les couronne et les protège.

« Vous n'êtes plus de la nature : vous avez abandonné le point de l'espace que vous occupiez visiblement, mais en devenant esprit pur, vous avez tout rempli.

« Vous êtes pour moi grande comme la nature :
l'étendue visible s'est remplie à mes yeux de la
lumière de votre souvenir. »

Ce passage de la plainte à l'exaltation, de l'ombre
où l'on pleure l'âme défunte à la lumière où l'on
contemple son âme transfigurée, de l'angoisse sur
l'abîme creusé par la mort à cette ardeur mystique
qui répand sur l'univers l'illumination d'une âme
toujours vivante, tout ce beau rythme de la douleur
qui monte vers l'allégresse a été rendu, avec autant
de force que de délicatesse, par un poète contemporain qui se plaît à rester dans le mystère. Pour mieux
comprendre l'exaltation guérinienne, méditons ce
poème si digne d'entrer dans cette littérature mor-
tuaire qui offre à notre admiration les œuvres les
plus émouvantes.

> A chaque instant de chaque jour, la même main
> Sème ici-bas la même et divine semence ;
> Mais plus d'un grain se perd, tombant sur le chemin,
> Sur le roc, dans le sable ou dans la mer immense.
>
> Votre grain m'a d'abord percé comme un poignard,
> O mon Dieu ; je n'en ai senti que la blessure.
> La vérité se dérobait dans un brouillard,
> Et mon cœur se gonflait de visions obscures.
>
> Quand l'automne assombrit le sol rasé des champs,
> La terre s'ouvre au fer qui la fouille et la blesse.
> Travaille, ô laboureur, de l'aurore au couchant !
> C'est d'un sein déchiré que les moissons renaissent.
>
> Ainsi mon cœur fut labouré par la douleur.
> Faites, Seigneur, qu'il germe et fructifie et croisse,

Le grain de Vérité, sans forme et sans couleur,
Qu'enfonça dans mon cœur le glaive de l'angoisse !

Atome infime, imperceptible à tous les yeux,
Pareil au sénevé de votre Parabole,
Qu'il devienne bientôt l'arbre mystérieux
Dont la ramure atteint la céleste coupole !

Assemblez-vous, oiseaux du Ciel, beaux oiseaux blancs !
Faites-moi voir, Seigneur, sur la plus haute branche,
La chère âme qui chante et m'appelle en tremblant,
Au bruit léger que font ses grandes ailes blanches !

*
* *

Les cinq thèmes lyriques engendrés par la méditation du chagrin — le paysage confidentiel, le sentiment religieux de la nature, la force informatrice de la douleur, la puissance révélatrice de la nuit, le triomphe de l'amour — s'entrelacent et se fondent pour donner à ce poème en prose une force singulière de retentissement. Le malheur, qui agite les sources profondes, a condensé les énergies géniales, et l'âme de Maurice a composé un chef-d'œuvre en groupant, dans la grave harmonie de cette complainte, les plus hautes inspirations dispersées dans le *Journal*.

de
m
et
pu
de
pa
de

le

sc
ce
Z
à
in
l

CHAPITRE IX

LE DÉLIRE DU CENTAURE.

Quand le génie réalise l'harmonie souveraine de la beauté et de la profondeur, il apporte au patrimoine de l'humanité une œuvre rare, éclatante et pathétique, — rare comme l'apparition de la puissance, — éclatante comme la pensée qui vient des sources où chantent les secrets de la vie, — pathétique comme la grandeur qui s'est approchée de Dieu.

Le poème du *Centaure* mérite d'être placé dans le groupe de ces œuvres étincelantes.

****

Dans la mythologie grecque, les Centaures sont les enfants d'Ixion et de Néphélé. Ixion est ce Titan qui a levé les yeux vers Héra l'épouse de Zeus, mais Zeus a puni son audace en l'attachant à une roue ailée qui l'emporte dans un tourbillon infatigable. Néphélé, c'est la Nuée orageuse où Ixion répand le délire de son éternel tournoiement.

Les Centaures sont donc les enfants du Vent qui tourbillonne et de la Nuée que tourmente ce tourbillon.

Le héros de Maurice de Guérin est semblable à cet ouragan de vent et de flamme déchaîné, à travers l'espace, dans un perpétuel frémissement.

Pour représenter cette énergie terrible du Vent, l'imagination des Grecs avait conçu un être merveilleux qui avait le corps du cheval et la tête de l'homme. Association singulière et chargée d'un grand sens ! La beauté du cheval semble incomparable. Devant le cheval au repos, on admire la sérénité de la force qui se détend. Devant le cheval qui galope, on sent l'enivrement de la force qui se déchaîne. Mais ce corps du Centaure s'achève dans le rayonnement du visage humain. Ce cheval pense. Cette fougue est capable de réfléchir. Ce délire acceptera le frein de la discipline. Fusion admirable, où nous trouvons l'expression visible de l'union invisible de la pensée et de la force, — du génie qui médite son élan et de la puissance que ce génie va répandre sur le monde !

Tel est le sens philosophique de ce mythe du Centaure, mythe si émouvant que notre imagination voit dans ce cheval-centaure le frère de Pégase, — et Pégase est le cheval ailé, le cheval animé des ardeurs apolliniennes, le symbole magnifique de l'Inspiration.

*
* *

Comme le mythe antique, le poème de Maurice de Guérin est un symbole, puisqu'il est la traduction plastique de sa sensibilité et de sa pensée. Et ce poème se développe comme un drame, qui renferme une action et des caractères dont il faut signaler la portée confidentielle.

L'action est le déroulement de la vie intérieure du poète, et les personnages expriment tour à tour son déchaînement, ses angoisses et ses aspirations. Macarée est l'amant de la nature qui déploie, à travers les formes de la vie, le délire de sa fougue. Mélampe est le penseur qui se tourmente à la poursuite du secret des cieux. Chiron est le sage qui s'incline devant les lois révélées par l'observation de l'univers.

Ce poème, d'un sens condensé, suggère et soutient l'évocation de cinq tableaux. Le premier tableau montre l'enfance du poète dans la paix de son Cayla. Enfance mystérieuse, enivrée et déjà inquiète : — mystérieuse, parce que l'enfant vit, près des sources, dans le voisinage des dieux, — enivrée, parce que les joies de l'enfant sont fraîches et pures comme la simplicité, — déjà inquiète, parce qu'il éprouve, dans les agitations de la sensibilité qui s'éveille, les premières alarmes de la vie poétique. « Il est répandu parmi nous qu'il faut soustraire et envelopper les premiers temps de l'existence comme des jours remplis par les dieux. Mon accroissement eut son cours presque entier dans les ombres où j'étais né. Le fond de mon séjour se trouvait si avancé dans l'épaisseur de la montagne que j'eusse ignoré le côté de l'issue, si, détournant quelquefois dans cette ouverture, les vents n'y eussent jeté des fraîcheurs et des troubles soudains. »

La cause héréditaire et fatale de ces alarmes est signalée, quand le poète évoque le souvenir de sa mère qui n'a pas longtemps protégé son enfance. Et cette évocation ne nous surprendra pas. Celle qui mit au monde Eugénie et Maurice — Eugénie attirante par sa tendresse, mais émouvante par sa grandeur, et Maurice, si puissant et si mutilé, — dut connaître les troubles d'une âme chargée de pathétique, je veux dire ardente et nuageuse, comme Néphélé la mère des Centaures. « Quelquefois ma mère rentrait, environnée du parfum des vallées ou ruisselante des flots qu'elle fréquentait. Or, ces retours qu'elle faisait, sans m'instruire jamais des vallons ni des fleuves, mais suivie de leurs émanations, inquiétaient mes esprits et je rôdais tout agité dans mes ombres. Quels sont-ils, me disais-je, ces dehors où ma mère s'emporte, et qu'y ressent-on de si opposé qu'elle en revienne chaque jour diversement émue ? Ma mère rentrait, tantôt animée d'une joie profonde, et tantôt triste et traînante et comme blessée. » Ces ivresses rapides et ces lentes tristesses agitent l'enfant dans ses profondeurs, et provoquent déjà ces conflits d'une sensibilité qui se replie et d'une imagination attirée vers ces beautés secrètes. C'est le drame silencieux des effrois et des éblouissements de la fragilité. C'est le mystère de l'enfance où l'ombre du Destin répand déjà le tragique de l'incertitude.

Le souvenir de cette enfance, traversée par le trouble mais enchantée par la beauté des visions, a suivi le poète comme un parfum rafraîchissant et a bercé la fatigue de sa vie vagabonde. Il aspira toujours à la paix de ces heures illuminées. Il regretta toujours, avec la douleur du désir nostalgique, la simplicité de cette vie primitive où il écoutait dans le murmure des sources la confidence des dieux. « Le calme et les ombres président au charme secret du sentiment de la vie. Ombres qui habitez les cavernes de ces montagnes, je dois à vos soins silencieux l'éducation cachée qui m'a si fortement nourri, et d'avoir, sous votre garde, goûté la vie toute pure, et telle qu'elle me venait sortant du sein des dieux ! » Comprenons ce cri d'un cœur envahi par la tendresse de sa terre natale. Tout le charme de son Cayla se lève comme une émanation impérissable, et se répand sur la blessure de ce cœur anxieux qui mêle sa tristesse à la mélancolie du Centaure. Ici les confidences du Cahier Vert s'enroulent d'elles-mêmes autour de cet appel, qui sera toujours entendu, vers les fraîcheurs et les illuminations de l'enfance.

***

L'acte II met en scène le poète dans l'éclat de l'adolescence. C'est la vie éblouissante et neuve qu'il découvre, à travers sa vallée, dans le silence de ses coteaux, devant la magnificence des effets d'horizon, sous la solennité de sa forêt de chênes.

Le jeune poète se mêle aux arbres et aux sources. Il désire absorber toutes les énergies de l'univers. Même, avec une ardeur qui se crut indomptable, il voulut s'unir à cette nature si belle et se fondre en elle dans un hymen chimérique. Ce Centaure-Guérin est le Sylvain des premiers âges qui se mêle au cortège d'Apollon, — et le fidèle de Dionysos qui répand ses clameurs à travers la montagne. Euripide, dans ses *Bacchantes*, avait déjà décrit cet enchantement et ces ardeurs. « Sous l'action du Dieu, la montagne entière entre en délire, et les animaux se déchaînent, et rien n'échappe à cet élan irrésistible :

$$...\pi\tilde{\alpha}\nu\ \delta\grave{\epsilon}\ \sigma\upsilon\nu\acute{\epsilon}\beta\alpha\chi\chi\epsilon\upsilon'\ \ddot{o}\rho o\varsigma$$
$$\varkappa\alpha\grave{\iota}\ \theta\tilde{\eta}\rho\epsilon\varsigma,\ o\grave{\upsilon}\delta\grave{\epsilon}\nu\ \delta'\ \tilde{\eta}\nu\ \grave{\alpha}\varkappa\acute{\iota}\nu\eta\tau o\nu\ \delta\rho\acute{o}\mu\psi\ (727,\ 728)$$

Le bruit de ces acclamations retentit dans le poème du *Centaure*, et les phrases surgissent, comme des strophes, pour traduire cet élan vainqueur.

« L'usage de ma jeunesse fut rapide et rempli d'agitation. Je vivais de mouvement et ne connaissais pas de bornes à mes pas. Dans la fierté de mes forces libres, j'errais m'étendant de toutes parts dans ces déserts. »

« La jeunesse est semblable aux forêts verdoyantes tourmentées par les vents : elle agite de tous côtés les riches présents de la vie, et toujours quelque profond murmure règne dans son feuillage. »

« Vivant avec l'abandon des fleuves, respirant sans cesse Cybèle, soit dans le lit des vallées, soit à la cime des montagnes, je bondissais partout comme une vie aveugle et déchaînée. »

« J'ai noué mes bras autour du buste des centaures, et du corps des héros, et du tronc des chênes ; mes mains ont tenté les rochers, les eaux, les plantes innombrables et les plus subtiles impressions de l'air. »

« Autrefois j'ai coupé dans les forêts des rameaux qu'en courant j'élevais par-dessus ma tête ; la vitesse de la course suspendait la mobilité du feuillage qui ne rendait plus qu'un frémissement léger ; mais, au moindre repos, le vent et l'agitation rentraient dans le rameau, qui reprenait le cours de ses murmures. Ainsi ma vie, à l'interruption subite des carrières impétueuses que je fournissais à travers les vallées, frémissait dans tout mon sein. Je l'entendais courir en bouillonnant et rouler le feu qu'elle avait pris dans l'espace ardemment franchi. Mes flancs animés luttaient contre ses flots dont ils étaient pressés intérieurement, et goûtaient dans ces tempêtes la volupté qui n'est connue que des rivages de la mer, de renfermer sans aucune perte une vie montée à son comble et irritée. » Quelle ardeur dans cette force qui jouit à la fois de son emportement et de sa maîtrise ! et quelle splendeur dans cette langue qui mêle à l'harmonie du chant lyrique la beauté plastique du bas-relief ! C'est l'évocation de l'adolescence enivrée et qui se croit invincible.

Ce jeune Centaure, qui se plaît à parcourir les ondulations des cimes et à mêler son souffle au souffle du vent, recherchait aussi l'apaisement de son délire dans le calme des soirs : alors il se délassait dans le lit des fleuves. Ici nous entendons le confident de l'onde et l'amant de la mer, le solitaire des côtes bretonnes et le contemplateur de l'Océan sur le rocher de l'Arguenon. « Je m'oubliais au milieu des ondes, cédant aux entraînements de leur cours qui m'emmenait au loin et conduisait leur hôte sauvage à tous les charmes des rivages. Combien de fois, surpris par la nuit, j'ai suivi les courants sous les ombres qui se répandaient, déposant jusque dans le fond des vallées l'influence nocturne des dieux ! »

Le poète continue à mêler les souvenirs de sa vie passée et les désirs d'une existence de songe. Il s'attarde avec complaisance dans l'évocation de ces images, car il regrette, dans la mélancolie du déclin, cette vie heureuse et si lointaine où l'homme ne se distingue pas des forces de la nature et s'adapte à la douceur de la mesure éternelle. « Ma vieillesse regrette les fleuves ; paisibles la plupart et monotones, ils suivent leur destinée avec plus de calme que les centaures, et une sagesse plus bienfaisante que celle des hommes. Quand je sortais de leur sein, j'étais suivi de leurs dons qui m'accompagnaient des jours entiers et ne se retiraient qu'avec lenteur, à la manière des parfums. »

L'adolescence qui connaît tant d'exaltation peut ressentir l'allégresse d'un sentiment divin : alors un dieu se dresse devant son émoi. Souvent Maurice de Guérin a fait allusion au pathétique de ces « immobilités soudaines » devant le surgissement d'un dieu fraternel, ou à la beauté de cette exaltation qui anime une force triomphante. Dès lors faut-il s'étonner si le Centaure, dans le rythme ascensionnel de son impétuosité victorieuse, chante son chant de triomphe avec l'élan d'un poète lyrique ? « Moi seul j'ai le mouvement libre et j'emporte à mon gré ma vie de l'un à l'autre bout de ces vallées. Je suis plus heureux que les torrents qui tombent des montagnes pour n'y plus remonter. Le roulement de mes pas est plus beau que les plaintes des bois et que les bruits de l'onde ; c'est le retentissement du centaure errant et qui se guide lui-même. »

* * *

Mais ce délire, qui semble si glorieux, est inconstant et fragile. Il ne suffit pas de bondir, à travers la nature, comme une puissance déchaînée. Après les heures de l'adolescence emportée dans l'ivresse de la force, le Centaure a connu les heures plus enivrantes de la jeunesse pensive émue devant la beauté du monde. Suivons-le au sommet de la montagne ou sur ce roc, fouetté par les vents, d'où il contemplait la mer. L'acte III met en scène son étonnement devant les splendeurs de la nature.

La nuit monte, dans la solennité de l'ombre grandissante, sous l'enchantement du crépuscule qui protège la méditation du soir. C'est l'heure propice aux rayonnements du cœur visité par les dieux. Tout ce qui ne vient pas des sources profondes se dissipe. L'inutile tourment des imaginations humaines s'efface, comme l'image des fantômes devant la soudaineté des flambeaux. Le poète ressent la simplicité première et cette harmonie de son enfance, quand il vivait auprès des dieux, sous le feuillage de l'amandier. Il revit cette vie divine en contemplant la beauté de la nature dans l'ardeur du silence sous le dôme de la nuit. Alors éclate la grandeur des émotions qu'Alfred de Vigny éprouve quand il a gravi la montagne pour écouter la confidence d'Éva dans la *Maison du Berger*.

C'est l'épanouissement de la sécurité enfin reconquise. « Lorsque la nuit, remplie du calme des dieux, me trouvait sur le penchant des monts, elle me conduisait à l'entrée des cavernes et m'y apaisait comme elle apaise les vagues de la mer... On dit que les dieux marins quittent durant les ombres leurs palais profonds, et, s'asseyant sur les promontoires, étendent leurs regards sur les flots. Ainsi je veillais ayant à mes pieds une étendue de vie semblable à la mer assoupie. Rendu à l'existence distincte et pleine, il me paraissait que je sortais de naître. »

Le Centaure sort de naître : il est rendu à la plénitude de la vie primitive et adaptée au rythme divin. A ce moment, le Cheval-Centaure devient le Cheval d'Apollon qui ouvre ses grandes ailes, bondit sur les pics de l'inspiration et répand la volupté de son ardeur au milieu de la nature qui l'écoute, dans le voisinage des Muses et du dieu Pan qui fait retentir sa syrinx. La solennité de cette scène héroïque se déploie dans le silence des sommets, — silence traversé par le vol des aigles qui sont les confidents de Jupiter, — silence troublé par le frémissement du chêne qui est l'arbre de l'oracle de Dodone, l'arbre sacré aux émanations prophétiques, l'arbre chanté par Lucrèce et Virgile, Ronsard et Maurice de Guérin. Ici le cheval Centaure s'émeut comme le cheval Pégase : c'est Guérin le poète surpris dans le pathétique de l'heure où le génie resplendit. « Mes regards couraient librement et gagnaient les points les plus éloignés... Là survivaient, dans les clartés pâles, des sommets nus et purs. Là je voyais descendre tantôt le dieu Pan toujours solitaire, tantôt le chœur des divinités secrètes, ou passer quelque nymphe des montagnes enivrée par la nuit. Quelquefois les aigles du mont Olympe traversaient le haut du ciel, et s'évanouissaient dans les constellations reculées ou sous les bois inspirés. L'esprit des dieux, venant à s'agiter, troublait soudainement le calme des vieux chênes. » Jamais l'ivresse tranquille de l'inspiration n'a été traduite avec plus de grandeur. Jamais l'identité de la vie poétique et de la vie divine n'a été proclamée avec plus de magnificence. L'imagination humaine, franchissant les espaces, monte aux régions sublimes où la majesté de Dieu se révèle. Le génie humain se manifeste dans la révélation de Dieu. Le génie, c'est la vision de Dieu qui répand son rayonnement.

***

Ces inspirations font briller, dans les ténèbres des chemins, les lueurs divines. Mais elles n'arrêtent pas l'anxiété de l'esprit qui renouvelle toujours son tourment. Donc, après le tableau des exaltations enivrantes mais brèves, se lève, à l'acte IV, le tableau de l'angoisse philosophique qui nous poursuit d'une sourde et longue douleur.

Le Centaure, qui vient d'éprouver le ravissement de l'extase, s'arrête soudain. Sans transition, il passe de l'expression de son ivresse à l'aveu de son trouble, et notre surprise s'accroît par le sentiment de l'obscurité qui monte dans ce silence. Mais il convient de comprendre l'allure imprévisible des grands poètes.

Méditons la parole d'Alfred de Vigny : « La poésie vit d'ellipses ». Les poètes lyriques montent d'image en image, comme Pégase vole de sommet en sommet. Ils ignorent l'art subtil et médiocre des transitions qui tourmente l'écrivain dans ses exercices de littérature. Tourment honorable et indispensable souci ! Car les transitions sont les appuis nécessaires de nos pensées fragiles et la lumière toujours tremblante qui nous empêche de tomber dans le gouffre de la nuit. Mais le génie traverse ce gouffre, les ailes toutes grandes, pour rejoindre l'île lointaine où jaillissent les sources. Si nous ne pouvons l'accompagner dans ces départs triomphants, sachons le suivre dans son vol et comprendre son ivresse. Pourquoi désirons-nous qu'il s'arrête pour nous dire où il va ? Pourquoi souhaitons-nous qu'il s'attarde et ménage notre faiblesse ? Pourquoi exigeons-nous que sa grandeur se mesure et se réduise à notre niveau ?

Y a-t-il des transitions dans les versets de la Bible, heurtés et puissants comme les élans du sublime, — dans les odes de Pindare où les images

lyriques se suivent si impétueusement, — dans le
monologue d'Hamlet où la méditation de Shakes-
peare se trouble sur les sommets de la douleur ?
Y a-t-il des transitions dans les strophes bondis-
santes du *Vent d'Ouest* de Shelley, — dans les
Pensées de Pascal, où la misère se déchire aux assauts
de la grandeur, — dans la *Maison du Berger* de Vigny
où les thèmes de la poésie élégiaque, de la poésie
philosophique et de la poésie sociale se lèvent
et retentissent comme des chants distincts et qui
montent ? Y a-t-il des transitions dans les sonates
de Beethoven, que brise un soudain silence ? Comprenons les silences de Beethoven, ces gouffres
d'ombre où son âme médite. Tantôt murmure
une mer démontée, roulant des flots qui se cour-
roucent. Puis un silence, — et la sérénité plane
sur ces flots en tumulte, car l'âme de Beethoven
s'élève de la souffrance à la joie dans ces rythmes
qui bondissent, dans ces rythmes coupés de soudains
silences.

Dans le poème du *Centaure*, on entend çà et là,
après l'expansion de cette grande voix, la rumeur
profonde qui résonne dans ces silences tragiques.

Tout à l'heure le poète se laissait ravir dans le
songe, protégé par le bruissement du chêne. Maintenant il se replie sur lui-même et nous écoutons
son angoisse. Car il a vite compris que ces exaltations bercent notre ignorance sans éclairer le mystère
qui nous inquiète. Il a désiré pénétrer les ombres.

Il a prétendu connaître l'origine et la fin de la vie.
Mais les dieux se dérobent dans un mystère inabordable. Leur voix semble éclater dans le silence
des cimes, mais quand l'esprit de l'homme soumet
à l'ordre de sa brève analyse ce chant divin qui
parcourt les espaces, il n'entend plus qu'un indistinct
murmure, et la pensée humaine orgueilleuse et
fragile se brise comme un arc trop tendu et qui
éclate, — qui éclate en sanglots.

Nous entendons ici le bruit de ces sanglots. Le
Centaure fatigué par la recherche inutile proclame
la vanité de son tourment devant Mélampe qui n'a
pas ignoré l'angoisse de ce labeur, car Mélampe
le devin s'est égaré longtemps dans le trouble de ce
vagabondage. « Vous poursuivez la sagesse, ô Mélampe, qui est la science de la volonté des dieux,
et vous errez parmi les peuples comme un mortel
égaré par les destinées. Il est dans ces lieux une
pierre qui, dès qu'on la touche, rend un son semblable à celui des cordes d'un instrument qui se
rompent, et les hommes racontent qu'Apollon,
qui chassait son troupeau dans ces déserts, ayant
mis sa lyre sur cette pierre, y laissa cette mélodie.
O Mélampe ! les dieux errants ont posé leur lyre
sur les pierres, mais aucun, aucun ne l'y a oubliée ! »
Qu'elle est triste, cette voix qui proclame la fatalité
de notre incertitude ! C'est la plainte de la métaphysique présomptueuse, et l'appel éperdu de nos
synthèses mouvantes. C'est le désespoir de la pensée

humaine qui se perd dans le tumulte des contradictions. Les vérités qui semblent émaner des choses ont la fragilité des lueurs fugitives et l'obscurité des balbutiements. Nous aspirons à la science des dieux, et nous écartons le voile qui couvre le destin, mais les dieux, qui n'aiment pas l'audace des hommes, les abandonnent à leur impuissance. « Au temps où je veillais dans les cavernes, j'ai cru quelquefois que j'allais surprendre les rêves de Cybèle endormie, et que la mère des dieux, trahie par les songes, perdrait quelques secrets ; mais je n'ai jamais reconnu que des sons qui se dissolvaient dans le souffle de la nuit, ou des mots inarticulés comme le bouillonnement des fleuves. » Ici encore les confidences du Cahier Vert accourent pour mêler à l'angoisse du Centaure la plainte de la nostalgie guérinienne : « Le monde roule harmonieusement, et, parmi toutes ces harmonies, quelque chose de triste et d'alarmé circule : l'esprit de l'homme qui s'inquiète de tout cet ordre qu'il ne comprend pas. » Toujours, dans toutes les œuvres de Maurice de Guérin, retentit le chagrin du Centaure devant la déception de la pensée et les avortements du désir.

Ici le poème s'arrête sur une nouvelle ellipse, et l'acte V va montrer l'apaisement du désespoir dans le triomphe du véritable sentiment de la nature.

Un vieillard, majestueux comme la vieillesse, s'avance vers nous dans le cadre émouvant que forment les hautes solitudes. Et nous évoquons les paysages où résonnent, à travers les siècles, les appels de la Sagesse : les ombrages de La Chênaie où Lamennais médite devant Maurice de Guérin, — les charmilles de Port-Royal où Pascal se tourmente sur l'énigme de sa grandeur et de son néant, — les bois de l'Ombrie où saint François d'Assise écoute la prière des oiseaux et des fleurs, — les vallons de l'Attique où Socrate apprend à Platon le rythme de la dialectique idéale, — l'antique forêt thessalienne où Orphée, soumis au souffle de Bacchus, répand l'harmonie sur la nature charmée.

Ce vieillard, c'est Chiron. Il convient d'expliquer le choix de ce héros, qui est le personnage essentiel puisqu'il prononce les paroles du dénouement et donne au poème sa portée morale.

Dans cette famille de Centaures qui manifeste les triomphes de la fougue, Chiron représente le calme souverain de la force disciplinée. Chiron est le héros qui panse les blessures. Dans ses courses sur les pentes du Pélion, il a recueilli les vertus des plantes et sa main habile a dégagé les sucs bienfaisants. Ce Centaure apaisé par les ans, ce sage qui a médité sur les égarements des hommes et les bienfaits de la nature, met sa puissance au service de l'humanité. Caractère glorieux qui accomplit avec grandeur le rôle que lui a donné la légende ! Il fut en effet le maître d'Achille et d'Esculape, — d'Achille qui déploie dans l'épopée homérique son âme de flamme, — d'Esculape qui apprit aux hommes l'art de retarder la mort. C'est pourquoi ce Centaure était devenu, dans l'imagination reconnaissante des peuples, une divinité tutélaire qui recevait, sur les montagnes de la Thrace et dans les vallées de la Thessalie, les prémices du printemps.

Tel fut Chiron que sa grandeur rendait bien digne de se pencher vers la tristesse de Macarée et d'apporter le calme au délire de Maurice de Guérin.

Chiron annonce le message conçu par la Sagesse après les révélations de la bataille et de la souffrance. D'abord il signale le mal qui accable la jeunesse du Centaure, les causes de son agitation sans fin, les manifestations de ce chagrin intérieur où se dévore cette énergie toujours égarée. Le mal, c'est le trouble d'une sensibilité indisciplinée et le tourment d'une volonté démontée comme une mer sans rivages. Le mal, c'est cette fatigue fatale de ces mortels aventureux qui se répandent dans l'infini des solitudes sans diriger l'audace de leurs désirs, et qui veulent s'égaler à l'élan du monde parce qu'ils ont respiré le sortilège si tôt rompu des enchantements de la nature. « Vous êtes semblable, dit Chiron à Maurice de Guérin, vous êtes semblable à ces mortels qui ont recueilli sur les eaux ou dans les bois et porté à leurs lèvres quelques fragments du chalumeau rompu par le dieu Pan. Dès lors ces mortels, ayant respiré dans ces débris du dieu un esprit sauvage ou peut-être gagné quelque fureur secrète, entrent dans les déserts, se plongent aux forêts, côtoient les eaux, se mêlent aux montagnes, inquiets et portés d'un dessein inconnu. Les cavales aimées par les vents dans la Scythie la plus lointaine ne sont ni plus farouches que vous, ni plus tristes le soir, quand l'Aquilon s'est retiré. »

Le danger, c'est encore la recherche prétentieuse d'une science inaccessible. Qu'ils sont imprudents les mortels qui veulent pénétrer l'énigme des cieux, parce qu'ils ont surpris, dans les modulations qui traversent les espaces, quelques aveux du verbe éternel ! « Cherchez-vous les dieux, et d'où sont issus les hommes, les animaux et les principes du feu universel ? Mais le vieil Océan, père de toutes choses, retient en lui-même ces secrets, et les nymphes qui l'entourent décrivent en chantant un chœur éternel devant lui, pour couvrir ce qui pourrait s'évader de ses lèvres entr'ouvertes par le sommeil. Donc proclamons que cette recherche est condamnée à l'inépuisable tourment. Il faut mettre fin à ces souffrances stériles. Les mortels fatigués par la déception peuvent bercer leur ignorance dans la douceur des chants harmonieux. Ils peuvent encore oublier leur chagrin dans les charmes du songe. Mais qu'ils renoncent à lire les secrets impénétrables et qu'ils se contentent de trouver dans la nature les semences de vie qu'elle nous abandonne pour l'apaisement de nos maux ! « Les mortels qui touchèrent les dieux par leur vertu ont reçu de leurs mains des lyres pour charmer les peuples ou des semences nouvelles pour les enrichir, mais rien de leur bouche inexorable. »

Le mal est profond, et la guérison semble cruelle si elle est achetée par la mutilation de nos plus belles ardeurs. Mais Chiron a voulu d'abord éteindre le foyer de nos fièvres avant d'offrir les découvertes de sa clairvoyance. Apaisons d'abord ce délire qui entraîne vers l'insaisissable, afin d'accueillir le remède qu'apporte la sagesse.

La sagesse, c'est la soumission aux disciplines naturelles, — l'acceptation du travail libérateur, — l'apaisement mérité par le don de soi, — la robuste exaltation garantie par le sacrifice. Chiron a renoncé aux emportements de la sensibilité, à tout ce tumulte d'une âme jouissant d'elle-même dans l'égoïsme de sa solitude. Il s'est incliné devant les Lois pour comprendre le rythme de l'ordre. Il a étudié la nature pour répandre la fécondité de ses dons parmi les souffrances des humains ; et, s'il ressent encore les inquiétudes qui l'ont égaré dans la fièvre, il écarte vite l'appel de la chimère et il retrouve la paix dans la douceur de l'âme qui prouve, en se donnant, sa force et sa grandeur. « Dans ma jeunesse, Apollon m'inclina vers les plantes, et m'apprit à dépouiller dans leurs veines les sucs bienfaisants.

Depuis, j'ai gardé fidèlement la grande demeure de ces montagnes, inquiet, mais me détournant sans cesse à la quête des simples et communiquant les vertus que je découvre. »

Ici le poème s'éclaire et la lumière de la pensée perce le voile du symbole. Macarée qui écoute la sagesse de Chiron, c'est Maurice de Guérin qui recherche la confidence d'un grand maître pour apaiser son tourment dans la méditation d'une pensée qui a conquis le calme. Il a senti l'importance de ce message et la solennité des vérités qu'il annonce. La grande voix de son guide le précède maintenant dans sa solitude et signale les promesses des prochaines sérénités. Cette voix pacificatrice illumine les ténèbres des chemins, et le mélancolique rasséréné en éprouve l'émanation comme d'un parfum répandu. Alors, il la recueille pieusement. Il l'écoute religieusement. Il la fait retentir au fond de lui-même, comme un chant d'espérance qui soutient la volonté de la guérison ; et la voix de Maurice de Guérin et la voix de Chiron se mêlent dans le charme de l'indiscernable. Charme enivrant qui montre la fusion enfin opérée des âmes fraternelles ! Laissons parler cette voix guérinienne qui s'enroule autour de la voix du Centaure, et la pénètre, et la prolonge et ne distingue plus ce qu'elle reçoit et ce qu'elle apporte : O Centaure égaré et nostalgique, arrachez-vous à la mélancolie qui vous dévore et montez vers la gloire et vers la lumière. Admirez la vertu de mes grands disciples dont vous pouvez égaler la puissance : Achille, le héros de la vaillance et de l'amitié ; Esculape, le conseiller bienfaisant qui dissipe la souffrance et triomphera peut-être de la mort.

Mais quittez vos chimères, et dominez les désirs insatiables. Pensez à Prométhée cloué sur son calvaire. Pensez à Ixion frémissant sur sa roue. Voyez l'infortune de ces héros qui furent grands, mais orgueilleux, et méditez sur leur angoisse éternelle. Écoutez leur appel éperdu et inutile vers cet Olympe qu'ils ont voulu gravir et vers ces dieux qui n'entendent pas.

Hélas ! je sens en vous le délire de Prométhée et le trouble d'Ixion. Vous avez voulu étreindre la Nature et la dompter sous vos mains mortelles. Vous êtes allé vers elle avec les pensées coupables de votre cœur trop amoureux, et vous avez aspiré à l'hymen du Centaure et de Cybèle ! Mais Ixion gémit encore et souffrira toujours, dans le vent et dans la tempête, pour avoir osé regarder Héra.

J'ai connu vos inquiétudes, et je les ai tant ressenties qu'elles me troublent encore dans ma vieillesse apaisée. J'ai recherché le charme de la chimère, tous les charmes de la chimère. Je me suis mêlé aux montagnes et aux fleuves et il m'a semblé que le retentissement de mes pas sur les ondulations des cimes était plus beau que le murmure de la forêt et le tumulte de la mer. J'ai éclaté de joie dans le déploiement de ma force que je croyais invincible. Dans l'ivresse de mon délire, j'ai même senti un dieu près de moi, et je lui ai dit : Mon frère ! et je l'ai accompagné comme un compagnon. Mais combien ces ivresses sont courtes et ces chimères accablantes ! Qu'elles sont dures les amertumes de la déception et les mélancolies de la défaite !

Enfin j'ai trouvé le repos dans la mesure et dans le labeur. J'ai goûté la joie de la paix dans la sévérité de la méthode et le sentiment de la discipline. A l'appel d'Apollon, du dieu de la clarté, c'est-à-dire de l'ordre, j'ai incliné mon orgueil vers la majesté des plantes, et la Nature m'a paré de ses dons, car elle est douce à ceux qui lui parlent avec un cœur filial et respectueux. Allez vers elle dans la joie d'une âme conquise, et elle apaisera vos fièvres, en vous donnant les pensées claires et pures qui protègent le calme.

Cette voix bienfaisante devient la voix émancipatrice et la messagère de la sérénité. Nous avons le droit de le proclamer, quand nous lisons dans le *Journal* les aveux qui révèlent le désir de la guérison dans l'élan d'une volonté impérieuse. Car ces aveux trop clairsemés nous font entendre comme un prélude ou comme un écho de la parole chironienne.

Lorsque Chiron blâme la tristesse de Macarée et la vanité de sa chimère et ce dépérissement d'un cœur épuisé par le songe, Maurice entend au fond de lui-même le murmure de sa plainte mélancolique : « Ma vie intérieure dépérit chaque jour : je m'enfonce je ne sais dans quel abîme. » (17 juillet 1833).

Lorsque Chiron déplore l'anxiété de Mélampe et l'orgueil de sa curiosité, la pensée de Maurice écoute, dans sa détresse, l'appel des inutiles interrogations : « Les plus douces études ne peuvent assoupir en moi cette pensée inquiète qui fait le fond de l'humanité. » (5 octobre 1833).

Quand la sagesse de Chiron s'incline vers l'observation de la nature et trouve dans ce labeur l'accomplissement d'un noble destin, Maurice se souvient qu'il a lu la *Physiologie végétale* de Candolle et qu'il écrivait, dans l'émoi des vérités nouvelles qui se levaient devant lui : « Un monde tout nouveau s'est ouvert devant moi... une nouvelle perspective dans la contemplation de ce monde. » (24 avril 1833).

Quand la douceur de Chiron répand, pour le soulagement des humains, la fécondité des sucs bienfaisants, Maurice revit les heures heureuses de l'exaltation sous les ombrages de La Chênaie, et il médite l'enseignement mennaisien : « La nature obéissant à son mouvement d'ascension monte de règne en règne, toujours s'épurant et s'ennoblissant pour faire battre enfin le cœur de l'homme. » (30 mars 1833).

Quand la force de Chiron discipline son inquiétude et se soumet au rythme de la mesure et de l'ordre, Maurice éprouve ces mouvements de vaillance qui font retentir, à travers les lamentations de son *Journal*, la joie d'un chant de triomphe : « Mon âme pressera contre elle-même, avec amour, dans le temple intérieur de l'indépendance, ses opinions libres et généreuses. » (4 août 1833).

Le chironisme est l'exaltation des meilleures tendances guériniennes. Chiron le Grand, c'est Maurice de Guérin qui recueille, dans ses souvenirs et sa volonté, les révélations les plus efficaces.

Le poème du *Centaure* apporte la leçon que donnent les grands livres. Les grands livres sont ceux qui apprennent aux hommes à conquérir la sérénité. Or ce poème, si attachant par sa beauté morale, est un chef-d'œuvre de l'art où se combinent l'ardeur du lyrisme, la grandeur de l'épopée, le pathétique du drame.

Ce poème est un chant lyrique. Nous avons entendu la confidence de l'âme guérinienne, la tendresse de son enfance portée à l'extase, l'enivrement de sa jeunesse dans le vallon de son Cayla, vers les landes bretonnes et sur les grèves de la mer, le cri de triomphe de sa sensibilité répandue sur le monde. Nous avons écouté l'appel de son angoisse vers le calme de la force et la maîtrise de la volonté. Et tous ces motifs lyriques s'expriment lyriquement, avec des résonances profondes, dans cette prose nombreuse, harmonieuse, plus harmonieuse que la mélodie de Chateaubriand.

Ce poème surgit, avec le relief de l'épopée, dans la simplicité de la grandeur. Comme les héros épiques, les personnages du *Centaure* se lèvent puissants et sommaires et dressés en traits abrupts, mais l'ampleur de l'horizon leur donne un air de magnificence. Macarée devient le symbole des âmes guériniennes, enivrées et farouches, enivrées par le besoin de l'exaltation et farouches dans leur tourment qui les pousse à l'inaccessible : âmes vagabondes et mélancoliques, comme ces cavales, flattées par la douceur des brises, et si tristes le soir, quand l'Aquilon les a quittées. Mélampe apparaît comme une ombre inquiète et fugitive. Désireuse de percer le mystère des choses, elle passe mystérieuse elle-même et comme égarée dans l'incertitude de sa recherche inutile : image émouvante du désarroi de la pensée humaine toujours avide et toujours déçue ! Chiron surtout se manifeste avec la noblesse de l'épopée. Dans ce poème qui décrit l'emportement de la rafale, il apparaît soudain comme le symbole de la paix, de la force et de la grandeur. C'est Chiron le grand, majestueux comme la vieillesse qui juge la turbulence, — Chiron le sage, qui comptait parmi les sept Sages, — Chiron le doux, avec son geste d'imploration vers la nature chargée de sucs bienfaisants, — Chiron le calme, dans la maîtrise de ses inquiétudes disciplinées. Ainsi nous apprenons que la force souveraine est grave et tranquille, parce qu'elle a connu et dominé les orages.

Enfin cette œuvre, passionnée comme un chant lyrique, noble comme une évocation d'épopée, est traversée par le pathétique du drame. Le poète met en scène le conflit de sa sensibilité et de sa raison, de son romantisme en tumulte et de son stoïcisme enfin triomphant. Dans ce poème qui a la majesté d'un bas-relief, une vie intérieure palpite avec une intensité pascalienne. Le tragique du guérinisme murmure et gronde sur un rythme ferme comme l'airain. Nous voyons d'abord l'égarement de la jeunesse et l'exaltation du génie dans l'allégresse des sommets ; puis le trouble du pathétique intellectuel ; enfin, après tant de fièvre, l'appel au calme est réclamé, comme le réconfort nécessaire dans une insoutenable amertume. Alors ce poème de plus en plus dramatique se façonne en drame, et un dialogue se fait entendre sur une scène soudainement apparue : Chiron qui redresse la fatigue de Macarée, c'est Guérin qui médite devant Guérin qui souffre, c'est le penseur qui proclame la nécessité de la discipline devant le rêveur dispersé dans le songe et dans la chimère.

Ainsi les formes les plus diverses de l'art sont associées et fondues dans ces pages essentielles.

La richesse de l'idée est égalée par la puissance de
l'évocation.

****

Ce chapitre était composé, quand j'ai reçu, de
mon ami Francis Jammes, à propos du *Centaure*,
une lettre si belle que je n'ai pas le droit de la garder
pour moi seul. Écoutons les poètes quand ils nous
parlent de leurs compagnons et de leurs rivaux,
et méditons cette page qui nous permettra de
préciser notre pensée sur la portée de l'œuvre guérinienne. « Le poème du *Centaure* est l'explosion
splendide, mais marquée de mort, d'un arbre en
automne. N'ayant point mis en pratique cet axiome
de Lacordaire que rien n'est fort comme un homme
qui se sent faible et qui prie, Maurice a recherché,
dans l'expression d'un paganisme artificiel, un
tonique. Il ne faut pas trop voir un symbole dans
cette œuvre, mais un somptueux et éphémère
déploiement d'images que l'auteur enveloppe de
mélancolie. J'ai observé chez certains malades
cet extrême désir d'être forts physiquement. De là
l'inspiration du *Centaure* : elle est d'un grand souffle ;
mais, à la moindre tension nouvelle, l'hémorragie
se produirait. Encore une fois : c'est un arbre d'automne qui s'enflamme comme un bûcher, au moment même qu'il ressent qu'il va quitter le monde.
Il fait alors miroiter le prisme des éléments dont il
s'est nourri. Les feuilles du *Centaure*, c'est cela.

Elles éblouissent parce qu'elles agonisent. — Quant à la forme, elle est telle que c'est l'une des rares formes qui, avec celle de Pascal et de l'entomologiste Fabre, ont impressionné le moins adaptable des écrivains modernes, Claudel. »

Ainsi le poème de Maurice de Guérin est un arbre d'automne éclatant et marqué de pâleur. L'image que dresse devant nous la sensibilité d'un poète — d'un grand poète dont j'espère que la simplicité protégera toujours la puissance — cette image opulente et triste ne symbolise qu'une partie du *Centaure*. Elle retient notre pensée sur la mélancolie de ce chant passionné et sur la fièvre de ce délire. Plaignons, avec Francis Jammes, cette force qui se tourmente, et sentons ce qu'il y a d'émouvant dans cette grandeur mutilée. Mais n'oublions pas ce qu'il y a d'exaltant dans son appel à la puissance et dans cette volonté qui souffre encore et n'abdique pas.

La plainte inapaisée qui traverse le poème du *Centaure* retentit, certes, au fond de moi : c'est la plainte guérinienne qui gémit dans tout ce qu'a écrit Maurice, dans les premiers aveux de son génie naissant, dans les appels de l'exilé, dans les évocations infatigables du Cayla et de la Terre promise, dans les souffrances d'une sensibilité toujours meurtrie et d'une pensée toujours errante vers le mystère. Cette beauté dans la mélancolie qui donne tant de magnificence à la plainte, je la contemple et je l'admire dans le *Journal*, et je respire avec respect cette fleur éclatante au parfum d'encens qui s'épanouit dans une atmosphère de funérailles. Et je n'ignore pas que nous serons toujours moins sensibles à l'apaisement de la guérison qu'au trouble de la détresse. Ces œuvres douloureuses où pleure la grandeur ont des résonances éternelles, parce qu'elles traduisent la vérité la plus répandue et l'amertume la moins méritée. Nous savons bien que, dans l'histoire et dans la nature, l'effort de la vie s'achève presque toujours dans la blessure de la brièveté et le scandale de l'injustice.

Mais ne diminuons pas la portée du *Centaure*. Ce poème inépuisable n'est pas seulement l'expression d'un fulgurant délire. Ce chant aux modulations infinies n'est pas seulement l'explosion de l'enchantement illusoire qui s'éteint si vite dans le rythme monotone de la plainte automnale, — de la plainte qui n'accueille plus l'espérance. Dans ce poème élégiaque surgit soudain le pathétique d'un drame. Écoutons le bruit de ce drame qui agite la plainte dans une secousse de bataille, et déchire le fond de cette œuvre et l'ouvre jusqu'à ces profondeurs secrètes où l'homme qui se sait grand révèle toute la beauté de son destin. Car l'âme de Maurice, se montrant tout entière, nous dévoile les deux courants qui jaillissent de ses sources : le courant de mélancolie qui troublait le mouvement de ses audaces, et le courant de puissance qui entraînait sa fatigue aux élans vainqueurs.

Si Maurice de Guérin n'avait voulu décrire que le tragique déclin d'une force trop vite meurtrie, il n'aurait composé qu'une œuvre lyrique qui mériterait certes, par la richesse de vibration de son chant douloureux, de tenir une place glorieuse parmi les monuments de la tristesse humaine. Mais n'oublions pas l'enseignement de Chiron et la solennité de ce geste de vaillance qui ajoute à l'émotion du pathétique le prestige de la grandeur. Macarée est un romantique, fatigué par son romantisme ; toujours vagabond et porté d'un dessein mystérieux, il entraîne son désir dans le délire de la chimère, et sa « fureur secrète » qu'il prend pour un appel divin l'égare dans les ténèbres de l'impénétrable. Mais Chiron apporte à ce malade le réconfort tant souhaité. Parce qu'il a observé la nature, il a dissipé les mensonges. Parce qu'il a souffert et regardé sa souffrance, il a trouvé le repos. Alors il condamne l'erreur de ce romantisme qui nous exalte et nous abandonne dans la déception ; et, par la révélation de son exemple, il nous apprend que le cœur humain peut éprouver, dans le rythme de la mesure et la douceur des actes bienfaisants, ces joies inviolables qui sont les récompenses de la sagesse. C'est pourquoi le message de Chiron arrête, par l'apologie de la force qui se discipline, l'inutile et brève chanson de l'énergie indisciplinée.

Le calme va renaître dans ce cœur assombri. Le sacrifice illumine cette fougue que l'orgueil allait dévorer.

Est-ce à dire que le poème du *Centaure* s'achève dans la plénitude d'une paix garantie ? Pouvons-nous prétendre que la méthode de Chiron assure la fin de notre tourment ? Retenons ici la parole désespérée de Chiron lui-même : elle obligera le poète à chercher le remède souverain et à gravir des sommets plus rudes. Chiron nous avoue qu'il ressent toujours, parmi les sérénités de sa vie nouvelle, l'agitation de l'inapaisé. « Inquiet encore, mais me détournant sans cesse vers la quête des plantes ! » Aveu déchirant, comme un sanglot mal étouffé ! Ainsi la sagesse l'a porté dans la lumière des sentiers paisibles, mais la mélancolie le surprend encore et l'égare dans le mystère. Il ferme l'oreille à la mélopée romantique ; mais, du fond de son cœur toujours orageux, s'élève la rumeur des aspirations qui ne veulent pas mourir. Il s'abandonne à ces ivresses tranquilles dont il a vanté la douceur ; mais il écoute, dans les battements de son âme qui pleure, le bruit d'une plainte inconsolable. Toujours curieux et toujours errant, il suivra, comme le Centaure qu'il voulait guérir, la marche symbolique des nuages « sauvages et inquiets », et il répandra dans le trouble des cieux l'âme orageuse qu'il a reçue de son aïeule Néphélé. Alors, dans le silence des cimes qui ne paraîtront plus sereines, il entendra l'inquiétude des mondes dans la plainte des espaces.

Ainsi Chiron apporte une discipline encore incertaine, puisqu'elle apaise le tourment sans pouvoir le guérir. Dans l'ascension si douloureuse vers la paix et vers la lumière, le poème du *Centaure* nous réconforte, puisqu'il franchit une étape difficile : mais il ne nous établit pas dans le port. Qui calmera le trouble de Chiron ? Qui apaisera l'inquiétude de Maurice de Guérin ?

La *Bacchante* va nous apprendre à prier et à trouver dans la prière la paix des certitudes.

CHAPITRE X

LA PRIÈRE DE LA BACCHANTE ET LA SÉRÉNITÉ DES CONSTELLATIONS

Maurice de Guérin, qui est un grand poète lyrique, ne peut pas se détacher de lui-même. Nous avons vu que le *Centaure* est un drame philosophique qui met en scène les épisodes principaux de sa vie sentimentale et intellectuelle. Nous allons montrer que la *Bacchante* est un chant lyrique où retentissent les appels de son cœur qui aspire toujours au calme.

****

Pour traduire son âme où il sentait le trouble de l'Infini, le poète a cherché le plus riche des symboles dans le plus brûlant des mythes antiques. C'est pourquoi il a enroulé son désir infatigable autour de la statue de Bacchus ardemment contemplée, profondément scrutée, enfin illuminée des plus éclatants rayonnements. Cette ardeur de contemplation a trouvé sa récompense, puisque son tourment a trouvé le repos. Cette puissance de sympathie a mérité la victoire, puisque ce mortel en proie à la fièvre a goûté la paix de la prière enfin entendue. Le mystère a été accompli, puisque Dieu a été conquis et adoré. Le poème de la *Bacchante* apparaît comme la célébration de ce mystère pathétique.

Le mythe de Bacchus est le plus plastique des mythes et le plus opulent des symboles. Cette plasticité et cette opulence ont permis aux Hellènes de traduire leurs plus beaux songes. On comprend que l'âme de Maurice de Guérin se soit dilatée dans l'éclat de ce mythe prestigieux. Qu'elle est étrange et mystérieuse cette figure de Bacchus ! Elle est inquiétante comme le délire de la passion. Mais peu à peu elle se purifie pour se prêter à l'expression de l'idéalisme platonicien et du mysticisme des orphiques. Ainsi Bacchus qui apparaît d'abord avec le charme fragile d'une divinité sensuelle se révèle enfin avec l'immarcescible beauté de l'Amour purificateur. Il garde l'ardeur de l'ivresse, mais il la dirige dans les plus nobles élans. Il maintient l'énergie de la fougue, mais il l'utilise pour donner plus d'éclat au triomphe de l'harmonie. C'est ainsi que la pensée grecque a idéalisé ce mythe en substituant à l'incarnation des forces naturelles la représentation des forces morales. Le Dieu de la vie physique est devenu l'inspirateur de la vie religieuse et divine.

L'œil du peintre voit l'aspect éminent des choses. La pensée du penseur écarte les éléments adventices et pénètre l'idée profonde. Maurice de Guérin, peintre et penseur, a discerné dans ce mythe les puissances d'énergie et de rayonnement qu'il renferme. Avec le regard de la force et le génie de la synthèse, il a dégagé la portée religieuse de ce culte. Il se rappelle sans doute la parole de Platon dans le *Phédon* : « Beaucoup prennent le thyrse, mais peu sont inspirés de Bacchus. » Il se souvient de la profonde pensée d'Euripide qui chante dans ses *Bacchantes* le symbole de la vie universelle. Il assiste à l'épiphanie du feu et à la glorification du dieu dans l'allégresse des cimes. Il n'ignore pas que la lutte de Bacchus et des Titans fut le conflit de l'ordre et du chaos, de la pensée et de la violence, de la lumière et de la nuit. Il sait que Bacchus fut la divinité tutélaire de l'Orphisme en apprenant aux initiés la puissance de la purification, — le collaborateur d'Apollon en maintenant la flamme à ce flambeau qu'Apollon répand sur l'univers. Il sait enfin qu'Orphée est l'interprète de Bacchus, que le génie d'Orphée se meut à l'ordre de Bacchus, et que le charme d'Orphée, qui montre l'harmonie de la nature et du cœur humain, est l'effusion du souffle de Bacchus sur la terre enivrée et attentive.

Ainsi notre poète a saisi toute la beauté de ce mythe qui resplendit sur les sommets de l'âme. Semblable à tous les puissants, il monte, d'un mouvement d'aile, vers les plus hautes expressions de la vie et de l'art. Avec le geste d'un Platon, il façonne à son ordre la légende antique, et il traduira dans le chant de la *Bacchante* le plus noble désir de l'âme guérinienne.

* * *

Dans ce chant aux résonances profondes, deux voix se font entendre : la voix de la jeune Bacchante et la voix d'Aëllo, mais ces deux voix se distinguent sans s'opposer et deviennent, à la fin, indiscernables. Car la jeune Bacchante représente Aëllo dans les premières ardeurs de la jeunesse déchaînée ; Aëllo est la jeune Bacchante, renseignée et méditative, adoucie par l'âge et pressentant déjà le déclin, qui apporte les secrets de son initiation à la vie divine.

Le poème de la *Bacchante* est un chant lyrique. Nous comprendrons mieux la signification de ce chant mystérieux, si nous détachons les thèmes qu'il développe, — si nous suivons les étapes de cette pensée qui monte, — si nous ordonnons, dans le rythme de l'ascension, les énergies créatrices qui soutiennent l'effusion de cette âme en prière.

Six thèmes, indiqués ou épanchés, se pénètrent et se fondent dans ce chant triomphant : d'abord le prélude chanté par la jeune Bacchante, ou le thème de la jeunesse enivrée ; ensuite les quatre thèmes qui composent le chant d'Aëllo : la nécessité de la solitude, le rythme souverain de la mesure éternelle, la vie rayonnante des sommets, les joies de la contemplation et de l'extase ; — enfin le thème de l'effusion en Dieu, qui soutient et enveloppe ce chant de délivrance, puisqu'il en forme à la fois le leitmotif et la conclusion. Le poème de la *Bacchante*, c'est l'âme de Maurice qui monte, dans un élan de prière, vers la certitude et la sérénité.

Le Prélude ou le Thème de la Jeunesse enivrée

La jeune Bacchante a éprouvé d'abord le désordre qui précède la célébration des mystères. Elle a erré, à travers la campagne, dans l'inapaisement et l'indiscipline, mais elle a pressenti le charme des vérités. Alors elle entonne le chant de ses premières illuminations.

C'est le thème si enivrant de l'adolescence exaltée par le souffle de Bacchus. Dans cette reprise des sentiments qui ont déjà éclaté au début du *Centaure*, nous saisissons le lien qui rattache le délire du Centaure à la prière de la Bacchante. La pensée guérinienne, comme la pensée des grands maîtres, suit toujours le même rythme intérieur, puissant et secret.

La jeune Bacchante répand sa jeunesse avec l'ardeur d'une force qui se croit inépuisable. Cette ardeur juvénile se déroule avec magnificence.

Le rythme souverain de la nature maternelle la soulève. Alors le chant de la jeunesse s'amplifie et se mêle au retentissement de cette grande voix qui domine le temps et traverse les espaces. C'est pourquoi la Bacchante ressent cette ivresse qui émeut le monde dans les premières clartés d'un jour radieux. Elle assiste au déclin des astres nocturnes dans la venue glorieuse du soleil. Elle offre sa chevelure aux baisers des flammes matinales. Elle se soumet au souffle de Bacchus, dont elle sent la présence dans la fraîcheur qui monte des vallées ; et, quand ses pas résonnent dans le silence des cimes, elle éprouve une joie si divine qu'elle compare le rayonnement de son âme à la splendeur des constellations.

Ainsi deux tableaux se lèvent devant nous : la vie de la nature dans l'effusion de l'aube, et la vie de la jeunesse dans l'expansion de son matin. Mais le poète ne les présente pas dans un diptyque concerté, comme s'il déployait une comparaison littéraire et se jouait dans le parallélisme des images. En fait, ces deux tableaux s'intègrent et se fondent, parce qu'il s'agit de montrer que l'ardeur de la jeunesse comprend déjà le grand mystère de la vie dans cette fusion de l'homme et de la nature.

« Bacchus, j'ai de bonne heure reconnu tes marques dans mon sein et rassemblé tous mes soins pour les dévouer à ta divinité... Je gagnai les collines pour m'offrir aux traits du soleil et devant déplier mes cheveux à la première issue de sa lumière au-dessus de l'horizon ; car on enseigne que la chevelure inondée par les flammes matinales en devient plus féconde et reçoit une beauté qui l'égale à la chevelure de Diane... Les constellations qui se lèvent pâles prennent moins d'éclat en gagnant dans la profondeur de la nuit que ma vie ne croissait dans mon sein, soit en puissance, soit en splendeur, à mesure que je pénétrais dans les champs. » Cette ardeur de la jeune Bacchante, qui se mêle aux aspects les plus éclatants de la nature matinale, aboutit à l'ardeur d'une ivresse sacrée. Une émotion pieuse la pénètre. Le sentiment religieux l'envahit et la soulève, comme une mer agitée par les vents. C'est l'exaltation qu'éprouve l'âme avant d'accueillir le souffle divin. « Quand j'arrêtai mes pas au plus haut des collines, je chancelais comme la statue des dieux entre les bras des prêtres qui la soulèvent jusqu'à la base sacrée. Mon sein, ayant recueilli les esprits du dieu étendus sur la plaine, en avait conçu un trouble qui pressait mes pas et agitait mes pensées comme des flots rendus insensés par les vents. Sans doute, ce fut à la faveur de cet égarement que tu te précipitas dans mon sein, ô Bacchus. »

Le mystère est entrevu. Le dieu a fait sentir sa présence. On voit qu'il est nécessaire, pour comprendre la force de la pensée guérinienne, d'interpréter ce poème naturaliste dans un sens idéaliste et religieux. Les premières manifestations de la puissance de Bacchus sont les premiers signes de l'initiation mystérieuse. Dans cette exaltation trop fugitive, la Bacchante a déjà éprouvé l'amour de Bacchus. Car la jeunesse de l'homme connaît les effusions d'une ardeur qui semble divine. Nous savons que le jeune Centaure, dans le déchaînement de son délire, s'arrêtait soudain comme si un dieu se dressait devant son émoi ; et nous n'ignorons pas que Maurice de Guérin écoutait la musique des sphères célestes, dans l'ivresse de l'extase, sous le feuillage de l'amandier.

Mais ce trouble de la jeunesse est un enivrement passager, une surprise des sens épanouis dans la fraîcheur de l'aube, une illusion de la sensibilité flattée par l'expansion de sa magnificence. La jeunesse se déploie parmi les dangers. Sa force est ardente et brève, comme la joie illusoire de la mauvaise ivresse. La Bacchante, qui reconnaît la fragilité de cet égarement, signale son trouble devant l'apparition de cette splendeur et se plaint du désordre qui dissipe ses désirs avant la connaissance de la science des dieux. Elle court à travers la montagne, comme une amante égarée par un amour indomptable. « J'emportais dans ma fuite un serpent qui ne pouvait être reconnu de la main, mais dont je me sentais parcourue tout entière. Semblable à un rayon de soleil conduit en replis autour d'un mortel par la puissance des dieux, ses nœuds m'enlaçaient d'une chaleur subtile qui irritait mes esprits et chassait mes pas comme un aiguillon. » De même l'adolescence de Maurice de Guérin est agitée par la fièvre de son esprit où l'indiscipline du rêve maintient un permanent tumulte. C'est la même chaleur subtile provoquant la même irritation dans le même énervement. Les confidences du Journal, qui traduisent le chagrin du désarroi, semblent commenter cette plainte de la Bacchante : « Pour moi, qui ignorais encore le dieu, je courais en désordre dans la campagne ».

Désordre funeste qui épuise la jeunesse fragile ! Ardeur trop brûlante pour être longtemps soutenue ! C'est pourquoi la jeune Bacchante veut entendre, dans l'obscurité des chemins, la voix de l'Initiée. Ainsi l'inquiétude de Macarée appelait la sagesse de Chiron, et la tristesse de Maurice de Guérin recherchait les appuis qui assurent le calme.

Ce prélude montre la nécessité du chant d'Aëllo. Car la grande Bacchante sera ce guide souverain, qui apporte la discipline sans diminuer cette fougue et prolonge ces beaux élans en les dérobant au vertige. N'est-il pas émouvant ce suprême effort tenté par le génie de Maurice, pour concilier la règle et l'exaltation et apprendre aux hommes le moyen d'apaiser le tourment humain ?

.*.

Avant de faire entendre le chant d'Aëllo, le poète signale son caractère, parce que le caractère de la Bacchante va nous permettre de comprendre la grandeur de la mission dont elle est chargée. Elle se présente à nous, parée à la fois de magnificence et de pathétique, d'ardeur et de gravité ; car la sagesse, dont elle apporte le secret, a été conquise par de dures souffrances. Elle a connu la fatigue de l'usure, la douleur du déclin, tous les tourments d'une destinée mélancolique, et sa pâleur révèle une blessure intérieure qui est peut-être incurable. « Elle avait atteint l'âge où les dieux, comme les bergers qui détournent l'eau des prairies, ferment les courants qui abreuvent la jeunesse des mortels. Quoiqu'elle possédât encore la fierté d'une vie toute pleine, les bords, il fallait le reconnaître, commençaient à se dessécher... Ses regards déclaraient dès l'abord qu'ils avaient reçu l'empire des plus vastes campagnes et de la profondeur du ciel ; ils régnaient toujours et se mouvaient sans se hâter, s'étendant de préférence vers ces rivages de l'espace où sont rangées les ombres divines, qui reçoivent dans leur sein tout ce qui disparaît à l'horizon. Cependant, par intervalles, ce grand regard et d'un si long cours devenait irrésolu, et roulait dans le trouble comme celui de l'aigle au moment où ses yeux ressentent les premiers traits de la nuit. »

On est d'abord surpris de ce mélange de tant de tristesse et de tant de sérénité. Mais comprenons la volonté du poète et sa manière lyrique de la traduire. Maurice de Guérin ne se détache jamais de lui-même. Il nourrit toujours son intime tourment. Tous les personnages qu'il évoque sortent du fond de son âme et montrent le drame de ses conflits intérieurs. Dans le poème du *Centaure*, Macarée, et Mélampe, et Chiron représentent son ardeur en tumulte, son angoisse devant le destin et son élan vers le calme et vers la sagesse. Ici la jeune Bacchante exprime son adolescence enivrée ; et Aëllo nous dira, avec sa blessure secrète et le tourment de cette blessure inexorable, son désir d'effusion en Dieu. Donc le poète, qui aspire à la guérison, déclare d'abord que sa jeunesse a connu l'ivresse des divines extases, mais il se hâte de proclamer la fragilité de ce délire qui n'est pas gouverné par l'ordre, le danger de ces ardeurs vite rompues par la dépression, et l'angoisse du désir devant les menaces de la vie éphémère. C'est pourquoi les confidences du *Journal*, qui expliquaient tout à l'heure le désordre de la jeune Bacchante, soutiennent maintenant l'écho du chant d'Aëllo devant la fugacité de la vie.

Car le Poème illustre le *Journal*, et le *Journal* éclaire les obscurités du Poème. On lit dans la *Bacchante* : « La chevelure d'Aëllo, aussi nombreuse que celle de la nuit, demeurait étendue sur ses épaules, attestant la force et la richesse des dons qu'elle avait reçus des dieux... mais cette chevelure flétrie devançait l'injure des ans à peine commencée. » On lit dans le *Journal* : « Ma tête se dessèche. Comme un arbre qui se couronne, je sens, lorsque le vent souffle, qu'il passe, dans mon faîte, à travers bien des branches dépéries. » — Aëllo redoute la menace des premières dislocations : « Le fruit ne peut écarter la maturité qui l'approche ; chaque jour la terre le pénètre de dons plus pressants dont la chaleur se marque au dehors par des couleurs toujours plus avancées. Atteinte comme lui et gagnée dans mon sein, j'étais impuissante à rejeter ou à ralentir la vie qui m'était suggérée. » Maurice de Guérin avait déjà signalé les épreuves de l'usure. « Avide, inquiet, entrevoyant, mon esprit est atteint de tous les maux qu'engendrerait une puberté qui ne s'achèverait pas. Je vieillis et je m'épuise. » — Suivons la lumière de ces rapprochements et entendons l'harmonie de ces échos. Aëllo semble accablée par l'ardeur de son désir, et sa démarche incertaine montre le trouble de son âme égarée dans un labyrinthe : « Quelquefois pour l'hésitation de ses pas qui cherchaient à s'assurer et à l'air de sa tête contraint et chargé, on eût dit qu'elle marchait au fond d'un océan. » Ainsi, dans le *Journal*, Maurice nous apprend que la sève de sa vie s'épuise avant l'accomplissement de son rêve, et que le fleuve de ses joies, autrefois si impétueux, ne reçoit plus la fraîcheur des sources. « Il est irrécusable que la vie s'interrompt, que le fleuve des joies secrètes suspend sa course comme dans une marche nocturne. » — Enfin Aëllo connaît l'agitation de l'inapaisé, et « elle souffre dans sa tête le travail d'une destinée secrète ». Que de fois les confidences du Cahier Vert nous révèlent le tourment de ce tragique obstiné !

Avant d'exprimer l'ivresse de ses extases, Aëllo apparaît avec son air mutilé, parce que Maurice de Guérin veut traduire sa mélancolie avant de chanter son apaisement dans le chant de sa prière. D'ailleurs la sagesse de la Bacchante sera plus décisive, si elle est l'expression d'une âme qui n'a pas ignoré les orages et qui a déjà entendu le murmure effrayant des dislocations. N'est-elle pas plus consolatrice, la voix de ceux qui ont gémi dans la souffrance ? N'est-elle pas plus redressante, la sérénité de ceux qui ont longtemps erré dans l'incertitude ?

Ainsi le caractère d'Aëllo offre un double avantage : il signale la valeur confidentielle de ce poème, et il garantit l'efficacité de l'enseignement qu'il apporte. Le chant de la Sagesse peut maintenant retentir, soutenu par la beauté de ces quatre thèmes lyriques : la solitude est nécessaire à l'expression de nos forces et à l'éveil du sentiment religieux, — une mesure éternelle est le rythme souverain du monde, — l'ascension vers les sommets est le tonique de l'âme et le témoignage de sa grandeur, — la pensée dirigée vers la contemplation et l'extase peut éprouver l'allégresse de l'union en Dieu. Admirons ce poète penseur qui mêle sa méditation à sa mélodie, puisque ce poème, émouvant comme une effusion lyrique, nous apportera l'enseignement souverain.

Le Thème de la Solitude.

L'enseignement d'Aëllo se fait entendre dans la solitude. Il convient en effet de préparer à la parole divine la solennité du silence où se répand la pureté de l'écho.

Mais il y a une solitude dangereuse, et la Bacchante en signale le sortilège décevant. C'est la solitude que recherche l'imprudente jeunesse, quand elle commence à éprouver le charme des forêts et l'attrait des prairies. Elle ne connaît pas encore la puissance de Dieu. Elle n'écoute que le chant de son âme légère, et elle s'égare dans les plaisirs du songe et l'enchantement de la nature qui accueille la confidence de tous ses désirs. Cette solitude offre des joies hasardeuses. Il le savait bien, le grand solitaire du château de Combourg et des savanes américaines, qui a décrit les ivresses et les langueurs de la solitude. Les aveux de René précèdent l'avertissement d'Aëllo et la plainte de notre poète. Chateaubriand avait dit : « Si tu crains les troubles du cœur, défie-toi de la solitude ; les grandes passions sont solitaires et les transporter au désert, c'est les rendre à leur empire ». Maurice de Guérin proclame à son tour, dans le *Journal*, le danger des rêveries solitaires et de nos élans fiévreux vers l'ondine insaisissable. « La multitude de mes pensées, foule agile et tumultueuse, sans bruit, comme les ombres, s'emporte sans repos vers un signe fatal, une forme ondoyante et lumineuse d'un irrésistible attrait qui fuit avec la vitesse des apparences incréées. Guide menteur sans doute, car sa fuite est trop séduisante pour ne pas attirer mon âme dans quelque piège cruel ; mais, quoi qu'il arrive, je cède au leurre. » De même la grande Bacchante signale à sa compagne encore débile le trouble qui suit ce songe incertain. « Les nymphes qui règnent dans les forêts se plaisent à exciter, sur les rivages des bois, des parfums et des chants si doux que le passant rompt son chemin et s'induit pour les suivre au plus obscur de ces retraites. Une influence subtile pénètre l'esprit de l'étranger ; l'égarement qui s'élève en lui altère la fermeté de ses pas, et tandis qu'il s'avance semblable aux demi-dieux champêtres qui portent toujours quelque ivresse dans leurs veines, les nymphes s'applaudissent de la puissance de leur séjour sur l'esprit des mortels. »

Évitons les attraits de cette solitude funeste, et gravissons les sentiers ardus de la solitude propice à la célébration des rites sacrés.

La solitude est nécessaire à l'épanouissement des exaltations. Quand nous errons dans l'agitation des foules, nous sommes égarés par le tumulte des voix qui répandent sur nos chemins la diversité de tous les désirs. Les barrières opposées par la malice des hommes heurtent nos effusions les meilleures. Un tourment obstiné et entretenu par la crainte de la défaite donne à notre vie la fièvre des combats. La solitude nous libère de ces contraintes ; et, en nous dépouillant des soucis qui nous dévorent, elle nous dispose à l'élan des dilatations.

La solitude est le règne du silence, et le silence protège l'éclosion de nos voix profondes. Le chant de l'âme se lève dans le silence.

La solitude est un temple, parce que la solitude est habitée par l'Esprit qui mène le monde. Dans la solitude, nous entendons le dialogue de l'Ame et de l'Esprit qui résonne dans le silence de la solitude.

Le rythme de la solitude a l'harmonie de l'ordre et l'infinie douceur de la paix inviolable. L'immobilité des choses inspire le calme, et le calme engendre la force. C'est pourquoi la solitude prépare l'énergie des redressements.

La solitude est chargée de sublime, — du sublime qui accompagne les apparitions de Dieu. Car l'âme ébranlée par la majesté de la solitude est enfin rendue à la conscience de son destin. Rentrant en elle-même, elle trouve le calme enivrant des sources, la fraîcheur sacrée des sources. Alors elle rencontre Dieu, car Dieu, qui est la source des sources, est une révélation de la solitude.

Cette solitude révélatrice invite aux émotions de la vie religieuse. Elle pousse l'âme à monter vers Dieu, à s'unir à Dieu. Elle protège l'accomplissement du mystère dans le sanctuaire de l'âme divinisée. Le mystère est le sentiment de la présence réelle de l'invisible.

Pour comprendre l'enseignement d'Aëllo et le retentissement de cette parole dans la nature qui se recueille, évoquons nos meilleures heures de solitude devant le calme de la mer, dans le silence du vallon et la paix de la forêt de chênes, dans la solennité des sommets ou la grandeur des lieux presque inabordables. Avez-vous gravi la haute montagne dans la saison, plus enivrante que mélancolique, où l'hiver déploie sa tristesse et sa majesté ? La neige a comblé les pentes des monts. Son invasion tranquille et fatale a ramené le silence antique. Les routes humaines ont disparu comme si la nature voulait effacer les traces de notre vagabondage et revenir enfin à la paix inviolée des temps primitifs. La prairie sommeille sous le linceul qui la recouvre. Le ruisseau, si éclatant au soleil d'été, est maintenant assombri par le contraste de cette blancheur qui l'environne ; même il paraît noir à force d'être farouche, et la plainte de son onde, en prolongeant son murmure, approfondit la solennité de ce désert silencieux.

Un air d'éternité plane sur ce silence, et, dans cette immobilité qui semble inviolable, la solitude a repris son empire. Paysage incomparable par l'harmonie du pathétique et de la magnificence ! Dans ces régions qui semblent inaccessibles, la présence de l'homme serait une offense, s'il apportait le trouble d'un cœur agité. Sur ces pentes silencieuses qui amortissent le bruit de ses pas, il doit ressentir le recueillement du fidèle qui a pénétré dans un temple. Devant cette union si émouvante du silence, de la solitude et de la blancheur, qu'il s'incline avec la gravité d'une âme purifiée et capable d'assister à la célébration d'un culte ; car Dieu surgit dans ce décor de mystère et de splendeur, et le frisson religieux soulève l'âme de l'homme dans un élan de prière et d'exaltation.

La Bacchante a connu l'efficacité de cette solitude visitée par les dieux. C'est pourquoi elle délaisse les sentiers fréquentés par la foule pour respirer dans la solitude le souffle de Bacchus et préparer le message de la volonté divine.

« Chacune de nous, ayant reconnu en soi les signes envoyés par le dieu, commença dès lors à s'écarter, car les mortels atteints par les divinités dérobent aussitôt leurs pas et se conduisent par des attraits nouveaux.

« Chaque jour la grande Bacchante tirait ses pas vers quelque point écarté : c'était dans ces lieux déserts que son discours se déclarait, et que j'écoutais ses paroles prendre leur cours comme si j'eusse assisté à la source cachée d'un fleuve.

« Chaque jour la voix de la grande Bacchante se relevait, prenant devant moi dans l'obscurité des chemins.

« Un antre ouvert sur les plaines, les cimes réservées aux derniers traits du jour, le lit des vallées les plus fécondes, tels étaient les lieux où me guidait le choix d'Aëllo. »

Semblable à la grande Bacchante, Maurice de Guérin, dans les heures augustes de l'inspiration, quittait les routes des hommes pour écouter dans la solitude les conseils de la voix annonciatrice.

LE THÈME DE LA MESURE ÉTERNELLE.

La jeune Bacchante s'abandonne d'abord à l'ardeur de son délire. Quand elle parcourt le sommet des montagnes en répandant le bruit de ses clameurs, il semble que sa force, qui se croit inépuisable, désire la joie de la liberté sans frein. C'est pourquoi le mythe de la Bacchante n'éveille d'abord que l'idée confuse et périlleuse du déchaînement.

Mais Aëllo refrènera cette indiscipline, car Maurice de Guérin, qui dépasse les manifestations vulgaires du mythe, a dégagé, dans cette représentation glorieuse de la vie, les énergies qui assurent le triomphe des meilleurs élans. Il a compris la plus profonde pensée de l'esprit grec. Il a révélé le plus haut désir de l'âme grecque. Sur les dévastations de la violence et les ruines de l'orgueil, il a dressé dans la lumière le visage de la mesure et de la sérénité.

La fougue n'a que l'apparence de la force. Le délire s'expose à tous les dangers de l'ignorance. La vraie force est ardente et calme. La véritable puissance a toujours la sagesse de se mesurer. Ils le savaient bien les Grecs des anciens âges, à l'époque heureuse où la force grecque accomplit son noble destin. Ils ont eu le culte de la mesure et la religion de l'harmonie, parce qu'ils ont senti, dans l'homme et dans la nature, le triomphe de la loi, c'est-à-dire de la règle, et le rythme de la beauté, c'est-à-dire de l'ordre dans la splendeur.

Le mythe de Bacchus risquait de s'égarer dans la violence des gestes et le tumulte des acclamations. Maurice de Guérin, fidèle à la pensée des grands penseurs antiques, l'a maintenu dans la clarté des énergies qui se disciplinent. Nous comprenons maintenant pourquoi il a vu dans ce dieu tout-puissant le vainqueur des Titans, le collaborateur d'Apollon, le guide des Muses et d'Orphée, le grand maître de la Force par les pratiques de la purification, et l'inspirateur de cette religion de l'orphisme qui provoqua le plus magnifique effort de la pensée grecque vers la victoire des Idées morales.

Le poème de la *Bacchante* nous révèle le rythme de ces volontés victorieuses. Ce rythme est le mouvement souverain et tranquille de l'ordre et de la mesure. « Le souffle de Bacchus observe en se répandant une mesure éternelle et se communique à tout ce qui jouit de la lumière ». Pour sentir ce rythme vainqueur et se conformer à l'ordre de cette mesure éternelle, il ne faut pas offrir à l'action divine le chaos d'une âme en tumulte. C'est pourquoi, au début du poème, la Bacchante a proclamé la nécessité des préparations. Dieu est très loin et très haut. Il convient de s'approcher de Dieu avec respect.

L'adolescence est généreuse et fragile. Elle se porte vers la grandeur avec l'élan d'une âme fraîche, mais son élan se trouble vite dans l'incertitude de la volonté. Ménageons cette fraîcheur que dessécheraient vite les ardeurs prématurées. Donc appelons la collaboration du Temps, de la divinité aux austères attentes, qui veille aux incubations secrètes ; et accueillons les Heures, les divines messagères, les compagnes muettes et ardentes de notre labeur silencieux qui président à la solennité des méditations.

La jeune Bacchante a dû obéir à la règle de la prudence et imiter les jeunes pêcheurs qui veulent se mêler à la fécondité des flots et tendent les bras vers la mer qu'ils savent inabordable. Soucieuse en pensant au danger des cimes, elle recueillait la sécurité des vallons et subissait l'action lente et sûre des Heures purificatrices. « Les rites sacrés écartaient ma jeunesse et m'ordonnaient de combler la mesure des temps qu'il faut offrir pour entrer dans l'action des solennités. Enfin les Heures, ces secrètes nourrices, mais qui emploient tant de durée à nous rendre propres pour les dieux, m'ont placée parmi les Bacchantes. »

Ainsi le thème de la Mesure s'appuie sur le thème des Heures qui sont les mères de la Patience, et la Patience est la grande énergie inaltérable puisquelle inspire le calme et assure la force. Alors la Bacchante contemple, à travers les espaces, l'ordre merveilleux qui règne dans la marche des constellations, et elle suit cette marche lente et sûre et infiniment douce à travers l'infini des cieux. Cette mesure qui crée l'harmonie, cette patience qui engendre le calme, ce rythme tranquille et victorieux qui manifeste le triomphe de la certitude lui donneront le bonheur auquel elle aspire.

On voit que Bacchus n'est pas seulement la force qui s'épanouit dans la liberté et jouit de son déchaînement. Il est surtout la force qui se mesure et qui se dirige. Ce mélange d'ardeur et de méthode compose la puissance. Là se manifeste, avec le secret de tous les triomphes, le miracle de la vie qui survit à la mort.

C'est pourquoi il est si difficile de maintenir la force dans l'éclat de sa pureté. Maurice de Guérin l'a compris et Aëllo le proclame. Qu'ils sont rares ceux qui sont capables de sentir cette mesure éternelle et de suivre l'élan vital qui mène le monde ! « Ce souffle observe en se répandant une mesure éternelle, mais un petit nombre de mortels, par un privilège des destinées, savent s'informer de son cours. » Rares en effet sont les inspirés de Bacchus et les collaborateurs de Dieu. Ils ont surpris les secrets de la vie qui monte. Ils ont ouvert leur âme aux synthèses qui organisent l'univers dans la clarté. Ils se sont dilatés avec une ardeur si vaillante qu'ils ont conquis la sérénité des immortels ; et, quand la voix des Muses se lève dans la nuit pour proclamer les exploits des dieux, ils entendent l'écho des paroles divines. Alors ils chantent, et, en mêlant leur chant aux confidences qui traversent les ombres, ils apparaissent comme les interprètes de Bacchus. « Le souffle de Bacchus règne jusqu'à l'extrême sommet de l'Olympe et passe à travers le sein même des dieux couverts de l'égide ou revêtus de tuniques impénétrables. Il retentit dans l'airain toujours agité autour de Cybèle et conduit la langue des Muses qui entraînent dans leurs chants l'histoire entière de la génération des dieux. »

Tels sont les triomphes de l'esprit inspiré par Bacchus et guidé par cette mesure éternelle qui répand le souffle divin sur la terre, dans le fond des océans et jusqu'aux extrémités des cieux.

LE THÈME DES SOMMETS.

Celui qui se dirige dans l'ordre de la discipline et selon le rythme éternel peut s'élever vers les hauteurs dans la lumière. Donc, après le thème de la mesure, nous entendrons le thème de l'exaltation.

Pour recueillir les mystères et saisir les révélations du souffle de Bacchus, Aëllo aspire à la solennité des sommets. Lorsque, dans le chagrin de l'usure commençante, elle ressent avec une croissante amertume les effets de cette douleur secrète qu'elle porte dans le sang de ses veines et les tourments de son cœur, elle monte vers la paix de la montagne. Le rythme de sa marche est ardent et tranquille comme l'air qui enveloppe les hautes solitudes. Car elle évite les deux dangers signalés par le poète, « l'écart et le suspens », le tumulte et l'indiscipline, l'agitation de la fièvre et la torpeur de la léthargie, le désordre du vagabondage et l'égoïsme d'un cœur replié sur lui-même dans le vertige du songe. Avec l'ardeur disciplinée que l'amour inspire et que maintient le respect, elle se règle aux mouvements de l'harmonie du monde, comme si elle était poussée par la puissance d'un souffle qui prolonge le souffle de Bacchus. Alors elle veut être la compagne de ces mortels qui ont mérité les faveurs divines. « Les mortels agréables aux dieux ou dont l'excès des maux les a touchés ont été conduits et rangés parmi les signes célestes. Guidés par les destins, ils gravissent dans le ciel et déclinent sans écart ni suspens, et sans doute cette poursuite d'une marche qui s'élève et retombe, et reprend sur elle-même, institue un état de bonheur, s'étendant à des limites incertaines, empruntant de la monotonie des chemins et mêlé de quelques pavots. Je voulais qu'une marche lente, appliquée aux escarpements des monts, engendrât en moi une disposition pareille à celle que les astres tirent de leur cours. »

Donc elle monte, elle monte encore, et les hauteurs lointaines se rapprochent, et, quand elle parvient aux sommets, on dirait qu'elle marche dans le cortège des cimes qui l'environnent. Dans la ferveur qu'apporte le silence, elle écoute le retentissement de ses pas et elle éprouve l'éblouissement du Centaure. Alors la puissance des émotions qui la pénètrent est si enivrante que son trouble s'apaise devant les images des dieux qui surgissent.

« Je m'élevai jusqu'à ce degré des montagnes qui reçoit les pas des immortels ; car, parmi eux, les uns se plaisent à parcourir la suite des monts, tenant leur marche inébranlable sur les ondulations des cimes, et d'autres sur les rochers qui règnent au loin, consumant les heures à plonger dans la dépression des vallées, y recueillent les approches de la nuit ou considèrent comme les ombres et les songes s'engagent dans l'esprit des mortels. Parvenue à ces hauteurs, j'obtins les dons de la nuit, le calme et le sommeil qui réduisent les agitations même soulevées par les dieux. »

Cette fermeté dans cette ardeur, ce calme assuré dans le délire même de l'ivresse récompensent la force d'un cœur qui a supporté la dureté des gravissements. Car les dieux habitent les hautes solitudes, et les nymphes chantent dans ce silence, et l'émotion se purifie dans cette sérénité chargée de sublime. Donc la Bacchante, qui se revêt de grandeur, se mêle au cortège des dieux et le souvenir de ces heures illuminées lui inspirera des chants divins qui égaleront sa voix à la voix des Muses. « Souvent les Muses quittent le mouvement rapide des chœurs pour commencer une marche à pas lents au sein de la nuit. Revêtues de leurs voiles les plus épais et se conduisant sur l'extrémité des monts, elles ouvrent des chants divins sous les ténèbres. La parole d'Aëllo s'avançait pareille à cette voix des Muses portée dans les ombres. »

Ainsi la Bacchante devient capable d'entendre la leçon qui résonne là-haut dans le silence. La paix qui accompagne ces efforts mesurés et puissants l'élève à l'inébranlable, et l'amitié des dieux qui s'avancent vers elle lui apporte, avec le sentiment d'une jeunesse qu'elle croyait abolie, la garantie d'une force appuyée sur la force du monde. « Alors je devenais semblable à ces mortels réduits sous l'écorce et arrêtés dans le sein puissant de la terre. »

Dans ce thème des sommets le poète a pu traduire les plus beaux mouvements de la pensée platonicienne. On pense en effet à ces pages lyriques du *Phèdre* et du *Banquet*, où Platon a décrit la course de l'âme humaine vers les hauteurs de la dialectique et a défini la sérénité de l'amour qui a trouvé le souverain bien. Dans cet élan vers la splendeur, les âmes fragiles se nourrissent de conjectures illusoires et n'ont pas la force de suivre le coursier généreux, mais les âmes capables de comprendre l'harmonie des sphères montent vers la lumière des idées divines. Semblable à la Bacchante platonicienne, l'âme de Maurice de Guérin a voulu gravir les sommets pour entendre l'appel des dieux. Car cette confidence du *Journal* nous déclare que le désir d'Aëllo veut réaliser le désir guérinien : « Qui peut se dire dans un asile s'il n'est pas sur quelque hauteur et la plus absolue qu'il ait pu gravir ? Je regarde depuis quelque temps vers ces temples de la sagesse sereine, que la philosophie antique a dressés sur des cimes fort élevées et qu'un petit nombre surmontèrent. Si j'emportais ces hauteurs ! Quand serai-je dans le calme ? »

Dans un paysage le sommet surgit en relief et domine, comme un phare, la plaine retirée et silencieuse. Dans la chaîne des êtres, la force héroïque éclate parmi les hautes pensées qui éclairent la marche incertaine des hommes. C'est pourquoi, dans les œuvres les plus glorieuses, le thème des sommets se confond toujours avec le thème de la lumière. Les plus beaux symboles créés par le rêve humain se déploient dans cette clarté d'apothéose. L'âme est l'énergie de ce brûlant désir d'ascension. Moïse, sur le mont Sinaï, reçoit la Loi qui règle le destin de l'humanité. Élie, au mont Carmel, écoute le message du Dieu d'Israël. Valmiki médite dans les solitudes du mont Himavat. Homère et Raphaël contemplent la beauté du Parnasse. Platon entend, sur le cap Sunium, la mélodie platonicienne. L'appel de la Bacchante se mêle à cette aspiration qui traverse les âges : voilà pourquoi ce poème, qui a un accent d'éternité, éveille autour de nous les échos des grandes voix inspiratrices.

Le Thème de la Contemplation.

Le thème des sommets mène au thème de la contemplation, car le labeur de l'ascension trouve sa récompense dans la joie de la beauté conquise.

La Bacchante, qui a garanti son élan vers les sommets en s'imposant la règle de l'attente et de la mesure, va préparer les miracles de l'amour en suivant le rythme de la contemplation. Elle s'attache à son Dieu comme l'ombre à l'arbre, l'écho au son, le reflet à la lumière. Méthode énergique qui associe la soumission à l'ardeur ! Toujours notre marche débile doit se régler sur les pas d'un guide immuable. Malheur à celui qui sentant sa faiblesse ne s'appuie pas sur une force plus forte, car il n'échappera pas aux défaillances du vagabondage et au vertige des précipices !

Cette vie adaptée au rythme de l'ordre ne donne pas seulement la paix de la certitude : elle apporte les joies de l'extase. Car l'extase n'est pas le délire d'un cœur arraché à lui-même et perdu dans le sommeil de l'inconscience. La véritable extase, à la fois calme et illuminée, est la maîtrise d'une pensée qui a gravi la contrée sublime où le tumulte des apparences s'ordonne dans l'harmonie et dans la beauté. Parvenue à ce degré de puissance, l'âme de la Bacchante est insensible à ce qui passe et ne s'ouvre qu'à la splendeur de l'universel. Seul le sentiment de l'éternité peut satisfaire cette âme ardente. Seul le sentiment de l'immensité peut combler cette âme qui s'offre à tous les transports. Alors elle éprouve cette émotion d'immobilité où se fixe son éblouissement. « Les pas de quelques mortels furent arrêtés par les dieux au voisinage des eaux, dans la profondeur des forêts ou sur la descente des collines. Des racines soudaines ont conduit leurs pieds dans le sol, et toute la vie qu'ils contenaient s'est étendue en rameaux et déployée en feuillage. » Cette immobilité qui rayonne en ardeur, cette force secrète qui se déploie en rameaux bienfaisants, c'est le bonheur auquel aspirait l'inquiétude de la Bacchante.

Ce calme produit la force et fait éclater la grandeur. Car ces mortels, revêtus d'une armure impénétrable, ont dépouillé les faiblesses de la sensibilité. Ils sont indifférents aux mensonges de l'illusion. Semblables à ces arbres qui veillent dans la profondeur des bois, ils paraissent insensibles, mais ils font entendre, dans l'agitation de leurs rameaux extrêmes, un profond murmure qui se mêle au murmure des vents et se répand sur l'obscurité des forêts. Ce silence dans cet éblouissement, cette tranquillité dans cette force d'essor, cette majesté dans ce pathétique accompagnent toujours la grandeur. Pensons au silence de Moïse sur le mont Sinaï, à la paix de Spinoza sur les sommets de la métaphysique, à la sérénité de Marc-Aurèle dans son stoïcisme triomphant, au ravissement de Pascal devant l'apparition du sublime.

La vie de la Bacchante lui permet d'éprouver ces ivresses. Qu'ils sont calmes et beaux les mouvements du sage qui se règlent sur l'ordre de la Loi accueillie ou de Dieu contemplé ! Parce qu'elle a suivi la mesure éternelle et le mouvement assuré de l'adaptation, elle aborde enfin au port qui semblait inabordable, et elle contemple, avec une admiration qui ne tremble plus, l'éclat de la vie divine. L'ivresse de ces immobilités soudaines, où surgit la présence d'un Dieu, s'est emparée de son âme, et elle participera bientôt à la vie de ces mortels divinisés qui renaissent dans la sérénité des constellations. « Dans le chemin où j'entrais à la suite du jour, j'ai vu mes pas tomber dans le ralentissement, mes forces encore pleines, et s'éteindre enfin dans une entière immobilité. Retenue dans le repos, je recevais la vie des dieux qui passait. »

Alors elle est prête à l'honneur des métamorphoses. Apaisée et rayonnante, elle éprouve la lucidité dans le sommeil et l'ivresse dans le calme. Elle connaît le repos qui annonce la sérénité des dieux, le repos traversé d'éblouissants réveils, le repos d'Hippothée au bord de ses fontaines, le repos de Plexaure au fond de ses forêts, le repos de Telesto dans la déclivité des ravins. Paraissant à la cime des monts, la Bacchante se sent la compagne de ces mortelles heureuses et belles que les dieux ont aimées, et elle goûte le bonheur de cette Callisto, la plus belle et la plus heureuse, qui est associée aux étoiles et préside à la marche harmonieuse des astres nocturnes. « Pénétrée d'une ivresse éternelle, Callisto se tient inclinée sur le pôle, tandis que l'ordre entier des constellations passe et abaisse son cours vers l'Océan. Telle, durant la nuit, je gardais l'immobilité au sommet des monts, la tête enveloppée d'une ivresse qui la pressait comme la couronne de pampre et de fruits qui entretient aux tempes de Bacchus une jeunesse inaltérable. »

A cette immobilité, Maurice toujours aspira. C'est pourquoi les confidences du Cahier Vert s'enroulent encore, comme un fraternel commentaire, autour des aveux du poème. Écoutons cet appel de l'âme guérinienne qui répond, comme un écho, au chant de la Bacchante. « Autrefois les dieux, voulant récompenser la vertu de quelques mortels, firent monter autour d'eux une nature végétale qui absorbait dans son étreinte, à mesure qu'elle s'élevait, leur corps vieilli, et substituait à leur vie, tout usée par l'âge extrême, la vie forte et muette qui règne sous l'écorce des chênes. Ces mortels, devenus immobiles, ne s'agitaient plus que dans l'extrémité de leurs branchages émus par les vents. N'est-ce pas le sage et son calme ? » Le chêne paraît indifférent dans les ténèbres de la forêt, mais il s'émeut soudain, dans le cœur de ses racines, quand s'agitent les souffles du vent. Le chêne paraît immobile dans le silence de la forêt, mais l'immobilité du chêne permet aux branches des cimes de répandre des sons « vagues et profonds », où retentit le retentissement de la mer. Ainsi l'immobilité du sage, sur les hauteurs où la sagesse s'approche de Dieu, écoute les voix solennelles et mystérieuses.

Comprenons la pensée de Maurice de Guérin. Elle paraît obscure, parce qu'elle unit la subtilité à la profondeur. Pourtant elle est éclatante, comme ces suprêmes lueurs cachées derrière la montagne et inaperçues au fond des vallées, mais persistantes pour ceux qui sont restés sur les cimes. Quand le poète vante le calme souverain de cette immobilité, il ne nous invite pas à vivre d'une vie diminuée dans l'inertie de la torpeur. Il ne s'agit pas d'amortir une sensibilité trop inquiète dans la paix d'une sensibilité dégradée jusqu'à l'inconscience. Il s'agit au contraire d'exalter le sentiment de la vie jusqu'à l'ardeur de l'ivresse. Il s'agit de s'absorber dans l'âme du monde, pour saisir à sa source l'élan vital et le souffle de Bacchus. Il s'agit de vivre en Dieu la vie divine, car l'immobilité d'Hippothée au bord de ses fontaines, c'est l'extase d'Eugénie dans l'ombre de sa chapelle et le ravissement de Maurice sous le feuillage de l'amandier.

Nous parvenons aux conclusions de la méditation guérinienne qui surgissent, comme les grandes pensées, dans les régions difficilement abordables. Cet état d'extase enivrante est si étrange que le poète l'analyse avec une diligence minutieuse. La fréquence des remarques dispersées à travers ses œuvres montre la valeur qu'il attache à cette émotion. Il a connu l'animation de ce sommeil et la fécondité de ce silence. Il semble s'assoupir et il médite. Il s'abandonne au charme de l'oubli, et il éprouve une joie sacrée, comme s'il était placé devant un grand souvenir. En des heures ardentes dont il aurait voulu prolonger l'ivresse, il a goûté la douceur de la béatitude : douceur incomparable où se mêlent la joie d'une lucidité qui a la grâce du repos et la joie d'un repos qui a la fécondité du labeur !

Dans une lettre écrite le 20 janvier 1834, au Val de l'Arguenon, auprès de Madame de la Morvonnais, nous trouvons la description de cet état surprenant. Il éprouve cette double émotion de l'assoupissement et de la vivacité, du calme et de l'exaltation. Dans l'apaisement de son agitation intérieure, il voit se lever les prestiges de sa faculté de songe. Il ferme les yeux et les apparitions surgissent. C'est la détente du sommeil, et, en même temps, une sorte de délire épanouit « la puissance de rêver les plus belles choses ». Et ces rêves ne sont pas les divagations d'un esprit qui s'abandonne, mais les visions d'une pensée qui s'exalte dans cette clairvoyance soudaine. Dans ce vallon charmé par la solitude et par la tendresse, il a ressenti cette disposition d'âme qui semble si créatrice. Quelques mois plus tard (août 1834), comme si les heures de contemplation et d'extase se multipliaient, une lettre nouvelle apporte une analyse plus pénétrante. Le poète s'étonne devant l'intensité de ces voluptés contradictoires. Il dit la force de l'âme qui persiste sous l'apparente langueur. Il proclame la puissance de ce regard intérieur qui perce les ténèbres où demeure le corps assoupi. Il signale le surgissement d'un monde merveilleux que les yeux ne voient pas et que l'âme contemple. « Je goûtais simultanément deux voluptés dont une seule eût suffi pour remplir tout mon être : la première consistait dans l'indicible sentiment d'un repos accompli, continu et approchant du sommeil ; la seconde me venait du mouvement progressif, harmonique, lentement cadencé des plus intimes facultés de mon âme qui se dilataient dans un monde de rêves et de pensées, qui, je crois, était une sorte de vision en ombres vagues et fuyantes des beautés les plus secrètes de la nature et de ses forces divines. » Nous comprenons alors la force du terme qui clôt cette description et définit cet enchantement. « L'heure du départ a rompu le charme. » C'est proprement un charme qui a la douceur d'une incantation et le resplendissement d'une émotion sacrée. C'est l'ivresse des heures créatrices qui élèvent l'humanité à la majesté du divin. C'est la puissance de l'exaltation poétique, de l'amour triomphant, de l'amitié passionnée qui connaît les grandeurs de l'amour, de l'héroïsme qui éclate dans la solennité du sacrifice. C'est enfin l'effusion divine des mystiques contemplations quand l'âme purifiée par la prière s'unit au dieu qu'elle invoque.

Le Thème de la Prière.

Soutenus par le commentaire qui précède, nous pouvons détacher le leitmotif qui pénètre et enveloppe le déroulement de ce chant. Ce leitmotif, qui est le suprême accent de la voix guérinienne, fait entendre le profond soupir d'un cœur religieux. Semblable au fidèle qui confie sa faiblesse à la force infinie, Maurice de Guérin contemple dans Bacchus l'union souveraine de la beauté et de la puissance, et il proclame, avec la Bacchante, la gloire du Dieu Créateur.

Bacchus est l'énergie toujours fraîche qui anime le monde : « Bacchus, jeunesse éternelle ».

La volonté de Bacchus soulève, au cœur des êtres, les mouvements obscurs des infatigables exaltations : « Bacchus, dieu profond et partout répandu. »

La puissance de Bacchus se manifeste par cet élan toujours vainqueur qui entraîne les désirs inépuisables de la vie, à travers les temps et les espaces, dans l'agitation des océans et la tranquillité des cieux. « Bacchus fait reconnaître l'enivrement de son haleine à tout ce qui respire et même à la famille innombrable des dieux. Son souffle toujours renouvelé court par toute la terre, nourrit aux extrémités l'ivresse éternelle de l'océan, et, poussé dans l'air divin, il agite les astres qui se décrivent sans cesse autour du pôle ténébreux. »

La voix inspiratrice de Bacchus, comme une musique retentissante, se déploie autour de la terre, et les Muses en recueillent les divins échos quand elles chantent, à pas lents, dans le mystère de la nuit. « Bacchus retentit dans l'airain toujours agité autour de Cybèle, et conduit la langue des Muses, qui entraînent dans leurs chants l'histoire entière de la génération des dieux dans les entrailles humides de la terre, au sein de la nuit sans bornes, ou dans l'Océan qui a nourri tant d'immortels. »

Le souffle de Bacchus soutient l'harmonie des sphères célestes et propage dans l'éclat de l'Olympe la sérénité des dieux. « Le souffle de Bacchus règne jusqu'à l'extrême sommet de l'Olympe, et passe à travers le sein même des dieux couverts de l'égide ou revêtus de tuniques impénétrables. »

Ainsi dans ce poème qui glorifie la nature, on trouve les versets dispersés d'un cantique en l'honneur de Dieu. Et cette longue prière ardente s'achève dans la joie de l'effusion et le calme infini de l'hymen accompli. « La douleur n'entra pas dans mon flanc déchiré : ce fut le calme... Il s'éleva dans mon esprit une flamme aussi tranquille que les lueurs nourries durant la nuit sur un autel sauvage érigé aux divinités des montagnes. »

Ces heures de calme, d'illumination et d'extase furent la récompense magnifique du tourment guérinien. Quand le Centaure, agité par le mouvement de la course qu'il a menée pendant le jour dans la diversité des chemins, arrive à la paix du soir et au silence de la nuit, il éprouve la douceur d'un apaisement infini, et pourtant il « veille » avec une singulière lucidité parce qu'il est rendu à « l'existence pleine et distincte », et à la simplicité des années primitives. Alors, devant les sommets « nus et purs », dans le voisinage de Pan et des Muses harmonieuses, parmi les murmures du souffle de l'Olympe et les frémissements du chêne inspiré, il goûte l'enchantement des heures divines. Quand la Bacchante s'est soumise, avec sa méthode fervente, à l'action de Bacchus, elle a mérité le calme d'Hippothée et l'immobilité de Callisto. Elle s'absorbe dans la contemplation de son Dieu, mais elle reste « ferme et vive » sous l'apparent accablement de cette absorbante ivresse. Dans son cœur que l'ascension a guéri, un repos infini ensevelit ses alarmes ; mais sa pensée qui s'informe toujours se déploie dans l'enrichissement de ses dons. « Mon front veillait : il était animé de tous les dons répandus par les dieux durant le jour, leur charme l'entourait et la vie nouvelle que j'avais recueillie lui envoyait ses esprits enflammés. »

Le délire du Centaure qui commence dans le tumulte et s'achève dans l'immobilité de ces éblouissements, l'ardeur de la Bacchante qui se déchaîne dans le désordre et s'apaise dans la suavité des contemplations composent une mélodie mélancolique et enivrante qui a retenti dans l'âme inquiète et ravie de Maurice de Guérin. Car Maurice a connu ces troubles et cet enchantement. Le sentiment romantique de la nature l'avait laissé dans la fièvre ; le sentiment religieux de la nature, en faisant surgir l'image de Dieu, lui assure le repos de la certitude dans cette union singulière du calme enfin conquis et de la lucidité vibrante et victorieuse. Ce calme était le charme pacificateur qui émane de la prairie, de la source et de la montagne. Cette lucidité était le rayonnement de la présence même de Dieu. C'est pourquoi le poème de la *Bacchante*, qui traduit la vie intérieure du poète, nous apporte, après l'aveu de son trouble, l'effusion de sa prière enfin entendue.

***

Maurice de Guérin avait dépeint, dans le délire du Centaure, l'élan de son ivresse devant la beauté du monde. La tristesse de Macarée disait le tourment de sa sensibilité qui s'épuise dans le désir. Le trouble de Mélampe traduisait l'anxiété de son esprit devant le mystère. La sagesse de Chiron définissait les révélations apportées à sa douleur par l'observation des lois naturelles. L'inquiétude persistante de Chiron signalait l'angoisse inguérissable de son âme mélancolique. — Enfin, dans le chant de la Bacchante, il apaise cette angoisse par une méthode d'exaltation qui unit la règle à l'ardeur et mène aux sommets de la contemplation divine. Le poème de la *Bacchante*, qui est la conquête de la sérénité, est l'apologie de la Prière pacificatrice.

CONCLUSION

LE MAL ET LE REMÈDE DU GUÉRINISME

La souffrance accompagne toujours la grandeur. La puissance de la pensée est une force qui se déchire elle-même. La noblesse du cœur est une distinction qui s'achète par le chagrin. Plus l'âme est grande, plus la rançon de cette grandeur est dure et inévitable.

Cette question si redoutable est posée et résolue par l'œuvre de Maurice de Guérin. Ainsi cette œuvre est pathétique et morale : pathétique parce qu'elle offre à notre méditation le plus grave des problèmes, morale puisqu'elle apporte la lumière et l'apaisement.

****

Le Cahier Vert est l'expression de ce tourment qui tourmente la grandeur humaine. Or le poète unissait aux angoisses de la délicatesse les scrupules d'un artiste hanté par la perfection. Donc ce petit livre est un grand livre puisqu'il traduit dans l'éclat de la beauté la plus noble des souffrances.

Ce *Journal* est une longue plainte, et cette plainte est l'aveu d'un mal que nous appellerons le mal guérinien.

Le guérinisme est le trouble de la sensibilité qui multiplie indéfiniment son désir, — l'anxiété de l'esprit qui aspire à une science inaccessible, — le désespoir amené par cet inassouvissement et cette lutte inutile contre le mystère infranchissable.

Le guérinisme est l'inquiétude d'une âme finie qui cherche à se dilater infiniment. Il veut égaler toutes les forces universelles : la puissance du vent et le murmure de la mer, l'agitation des torrents et le silence des forêts, l'éclat de l'aube et le mystère de la nuit. Il veut concilier tous les contrastes et harmoniser tous les désaccords : l'émotion de la pensée et l'insensibilité du chêne, l'ivresse de la course et l'immobilité de l'éblouissement, la douceur infinie du sommeil et le déchaînement des exaltations.

Le guérinisme est l'expression suprême de cette nostalgie qui traverse les temps et les espaces, et dévore jusqu'à l'épuisement les âmes les plus hautes : un Eschyle et un Dante, un Pascal et un Foscolo, un Shelley et un Alfred de Vigny. C'est la gloire de Maurice de Guérin de l'avoir définie avec la lucidité de sa douleur. C'est le pathétique de Maurice de Guérin d'avoir quitté le monde au moment où se montrait le remède. Apparition tardive dans cette âme déjà dévastée ! Qu'il paraît émouvant ce moribond, qui scrute la profondeur de son mal et signale enfin le remède que son corps consumé n'est plus capable de soutenir !

****

Le *Journal* expose le tragique de ce désir avec la rigueur de l'analyse et l'éclat de l'évocation. Merveilleuse harmonie des dons les plus contraires ! Nous admirons tour à tour un savant qui classe des observations, un médecin qui établit les éléments d'un diagnostic, un confesseur qui médite sur les causes de l'apaisement, un poète lyrique et dramatique qui anime et fait retentir ses émotions. Car ce livre, qui est l'analyse minutieuse d'une maladie morale, surgit dans le mouvement du lyrisme et du drame.

Le *Journal* peut se définir un chant d'élégiaque. Mais ce livre serait inutile s'il se réduisait à la plainte. Cet élégiaque ne se contente pas de gémir. Ce malade ne se résigne pas à la défaite. Il se débat devant nous et il aspire à vaincre.

Cette élégie est dramatique, car le problème posé devant la pensée s'agite devant nos regards par la peinture d'une grande âme qui cherche à se redresser. Donc, sur cette complainte roule un murmure de combat, et ce murmure traverse la complainte et la relève çà et là en accents vainqueurs. La mélopée, où se lamente le désir, s'ouvre à des appels où la force veut protéger sa puissance. La sève se tarit dans ce corps délabré ; le génie se consume dans cette âme incendiée par la douleur, mais une flamme jaillit et répand tout à coup une lueur divine. C'est pourquoi l'on entend, parmi les cris de détresse, des voix consolatrices : élans de la pensée illuminée, souvenirs éclatants du réconfort mennaisien, cor des chevaliers de la Table Ronde dans la forêt mélancolique, chants d'allégresse de la nature fraternelle, apparitions d'un Dieu qui est un compagnon. Ces aspirations sont insinuées et vite emportées par la plainte qui monte : empressons-nous de recueillir ces aveux de purification qui sont des promesses d'épanouissement.

Ainsi le *Journal* se relie aux œuvres qui l'accompagnent ou le suivent, puisqu'il offre, dans ses raccourcis généreux, les éléments de ces tableaux qui seront bientôt ciselés et creusés par une main fine et puissante. Le mourant a eu la force de se relever. D'ailleurs notre inquiétude n'était pas fermée à l'espérance : nous savons bien que ceux qui meurent jeunes sont marqués par les dieux pour l'amélioration de notre destin. Ils ont le pressentiment de leur mort prochaine, et ils répandent toujours, avant de mourir, le secret accablant qu'ils nous apportaient.

* * *

Le remède du guérinisme, indiqué dans le *Journal* par des remarques trop brèves, est signalé dans la *Méditation sur la mort de Marie* et dans les poèmes du *Centaure* et de la *Bacchante*.

D'abord Maurice s'égare et risque de nous affaiblir. Pour apaiser le désir insatiable, il cherche dans les charmes la douceur de l'oubli. Comme les romantiques, il croit que le songe effacera les trahisons de la réalité et que l'amour de la nature peut dissiper les insultes de la vie et les injustices des hommes. Mais le songe est une échappatoire hasardeuse. Il offre un asile incertain et toujours menacé. Il fait de nous des hallucinés tragiques ou des rêveurs qui tâtonnent parmi des appuis tremblants. Quelles déceptions nous attendent après les appels de tous ces attraits ! Quelle misère nous accable dans la torpeur de cette enchanteresse intoxication ! D'autre part, l'amour passionné de la nature nous laisse vite dans le désordre. Cet hymen avec la beauté irrite le désir et engendre la fièvre. Union audacieuse et chimérique, car la dilatation de l'atome sur l'infini du monde s'achève dans la douleur d'une solitude désespérée ! La nature nous fortifie quand nous acceptons sa discipline. La nature nous punit de l'aimer comme une courtisane.

A sa souffrance obstinée Maurice de Guérin

cherche des consolations moins décevantes, et il les trouve par le triomphe de son idéalisme, par l'observation de la nature scrutée dans ses profondeurs, par la sérénité de la contemplation et de la prière.

La *Méditation sur la mort de Marie* montre que l'âme est capable de vivre d'une vie égale à ses meilleurs désirs. Un idéalisme glorieux protège cette vie secrète. Dans ce combat de la réalité qui nous opprime et de l'Idée qui domine le temps et l'espace, nous sortirons vainqueurs si nous collaborons à cette existence mystérieuse dont les plus grands des hommes ont manifesté les victoires. Il s'agit d'anéantir le monde de la matière, et cet anéantissement est possible puisque nous pouvons connaître l'enchantement de cette vie lumineuse. Le dévouement infini de la tendresse maternelle, l'exaltation infinie de l'amour triomphant, la dilatation infinie de la pensée devant le sublime nous apprennent que l'âme humaine est douée d'un pouvoir créateur. Si l'histoire nous montre souvent la défaite de l'idée, elle déclare que ces scandales précèdent toujours la magnificence des renouveaux. L'idéal sculpte la réalité par l'action toute-puissante de ses mains invisibles. Nous entendons toujours la voix inépuisable de Platon. Nous commençons à comprendre les révélations de l'épopée dantesque. Le désir des Prophètes a traversé les âges et nous apporte son affirmation toujours nécessaire puisqu'elle préside aux triomphes de la justice.

Maurice de Guérin a connu la beauté de cette existence mystérieuse. Protégé par le silence et la nuit, il a suscité devant sa pensée une vie d'illumination où la souffrance paraît douce puisqu'elle recrée le bien que la mort avait aboli. Dans la solennité de cette solitude, il réalise cette union fraternelle avec l'Idée contemplée, et Marie, qui avait quitté les apparences du monde, surgit dans le rayonnement qu'elle répand sur l'univers. Mais cette vie prestigieuse ne peut être longtemps supportée. Cette exaltation ne s'allie guère à notre faiblesse. Elle suppose une ardeur de vision aussi rare que le génie. Qu'il serait imprudent d'y voir le remède offert à la fragilité de nos âmes ! Il ne faut pas ignorer que ces heures d'enchantement sont rapides comme le rayon qui passe, — qu'il convient de les mériter par les efforts de la souffrance — et que la volonté la plus robuste ne réussit pas toujours à nous donner ces belles ivresses.

Donc le guérinisme ne pouvait être longtemps apaisé par cet idéalisme extrême qui répand sur la vie le vent de l'allégresse. Ce souffle divin ne traverse que les cimes, et il n'est pas facile aux meilleurs des hommes d'atteindre ces sommets qui tremblent toujours dans les égarements du vertige.

***

Le poème du *Centaure* apporte un enseignement plus garanti. Ici le mal est défini par le malade qui souffre, et il est condamné par le malade qui a la force de se guérir. Macarée est un romantique, consumé par la fièvre, blessé du mal de René et de Chatterton. Mélampe est une âme pascalienne qui n'a pas trouvé la paix des certitudes. Mais Chiron est un romantique désabusé et un pascalien qui a écouté la voix d'Apollon. Avec une lucidité qui est la récompense de sa souffrance, il signale la cause du mal : cet égarement de la sensibilité qui n'accepte pas la discipline, cette frénésie de l'imagination qui ne surveille pas ses départs, cet orgueil du guérinisme qui veut égaler le désir humain à l'élan du monde. A ce mal dont Chiron lui-même a souffert, Chiron apporte le préservatif suprême : l'observation de la vie et la méditation de ses lois et ce conseil de prudence donné par la nature qui n'envahit pas, avec les gestes soudains de l'impatience, l'infini du temps et l'immensité de l'espace, mais les remplit peu à peu, avec le rythme solennel de ses productions lentes et sûres.

Alors la source la plus jaillissante du mal guérinien est découverte, et Chiron le sage condamne ce sentiment de la nature qui fait de la nature la complice même de ce guérinisme toujours renaissant.

C'est pourquoi l'accent de Chiron nous a paru si solennel. Il retentit comme un message pacifique dans une région ravagée par le tumulte de la bataille.

La sagesse de Chiron nous apprend que la souffrance guérinienne est la punition d'une grande erreur. Gardons-nous de voir dans la nature une courtisane qui verse en nous le philtre de l'oubli dans la volupté. Ne commettons pas la faute de ne voir en elle que ses harmonies et ses enchantements. Considérons-la comme l'aïeule vénérable et chargée de secrets. Respectons-la comme une conseillère énergique et rude qui montre dans la vie un ordre survivant à tous les orages, dans l'évolution de la vie une architecture de lois, dans l'ascension de la vie vers la lumière une hiérarchie de discipline. Alors l'amour de la nature, dirigé par le savoir et ennobli par le respect, nous apporte le calme et la force. Le désir orgueilleux qui déchaînait la fièvre de Somegod s'apaise dans la conscience de notre faiblesse qui se mesure à tant de majesté ; et le sentiment d'humilité, qui est le prélude des redressements, nous initie, dans la paix de la mesure, à la sérénité des compréhensions. La vue de la nature ainsi contemplée nous rassure, parce que les joies qu'elle nous donne s'accompagnent des énergies qu'elle nous inspire. Sa beauté nous élève, parce qu'elle attire nos pensées les plus hautes, et l'admiration qu'elle mérite engendre les émotions du sentiment religieux. Muni de cette force que donne la Vie scrutée en ses profondeurs, Chiron éprouve sa puissance en la répandant parmi les humains, et la Nature, qui ne cesse pas d'être belle, devient sa collaboratrice dans l'œuvre généreuse qu'il veut accomplir. Alors, par l'apaisement joyeux qui le renouvelle, il apprend que le cœur s'agrandit quand il se donne, — que la pensée s'enrichit en se déployant, — que la volonté se fortifie en s'oubliant dans le sacrifice.

Pourtant Chiron le grand ne se juge pas inattaquable. Chiron le sage ne sent pas toute la sérénité que mérite la sagesse. « Toujours inquiet », il voudrait anéantir l'inquiétude, et il se détourne sans cesse, pour retenir le calme qui l'abandonne, vers la simplicité des plantes et la fécondité des sucs bienfaisants. Mais l'anxiété l'enveloppe encore de ses menaces, et il s'agite dans le silence des sommets où il ne trouve plus le repos.

L'inquiétude de Chiron, c'est le guérinisme qui se réveille, — le désir de l'Infini qui fait sentir sa morsure, — la souffrance qui rappelle à la grandeur que la force humaine tremble toujours tant qu'elle ne s'épanouit pas dans l'amour de Dieu.

Chiron se tourmente parce que Maurice de Guérin n'est pas guéri. Alors il monte vers les sentiers plus rudes, et, appuyé sur la Bacchante, il s'achemine vers la sérénité des constellations.

*
* *

Le poème de la *Bacchante* apporte la guérison parce qu'il fournit au guérinisme l'appui extérieur et souverain qui lui manquait.

Jusqu'ici le malade a voulu trouver en lui-même les sources de l'apaisement. Les décisions de l'idéalisme sont rassurantes. Les victoires du sacrifice exaltent nos énergies les meilleures. Les leçons de la nature observée avec respect montrent les triomphes de l'ordre et de la discipline. Il est possible de bâtir, sur ces hautes pensées, une vie glorieuse ; et l'homme manifeste sa puissance en mettant à l'épreuve ces vérités obscures et difficiles, mais éclatantes pour ceux qui montent vers elles dans la région où elles découvrent tous leurs secrets.

Pourtant qui peut affirmer la solidité d'une énergie réduite à ses ressources et retombant sur elle-même ? La force n'est forte que si elle s'appuie sur une force qui prévient et répare sa faiblesse. La grandeur de Chiron le grand est sujette au trouble, parce qu'elle s'interroge et ne se juge pas garantie. La sagesse de Chiron le sage est ouverte à l'égarement, parce qu'elle n'a pas trouvé l'appui qui protège la sagesse. Maurice de Guérin s'agite dans son tourment parce qu'il ne peut pas saisir l'insaisissable objet de son aspiration. Le guérinisme se réveille et demeure inexorable.

L'âme guérinienne est tout désir et tout élan. Ce désir est inapaisé, car il n'accepte pas la loi du fini ; et cet élan est insatiable, car il se tend vers l'inaccessible. De là les déchaînements et les alarmes du guérinisme. Combien elle nous a paru tragique la vie de ce désir qui veut dépasser la limite humaine ! Il s'ouvre sans cesse et il ne se ferme jamais. L'ardeur de son ivresse s'achève dans l'exaspération de l'angoisse. Cette sérénité est illusoire et cette dilatation est plus épouvantée que glorieuse. C'est pourquoi, devant cette tension silencieuse et chimérique, nous pensons plutôt à l'accablement d'une grandeur foudroyée qu'à l'enchantement d'un cœur ravi dans l'apothéose.

Le guérinisme, qui est une forme du pascalisme, creuse dans les profondeurs de l'âme un gouffre insondable qui ne peut être comblé que par la possession de l'absolu. Seul le désir de Dieu écarte la fièvre des nostalgies. Seul l'élan vers Dieu échappe au vertige et à l'éblouissement. Seule la prière, qui s'ouvre à l'envergure de Dieu, enveloppe ce désir et l'emporte, comme un enfant fragile, vers la toute-puissance. C'est pourquoi le poème de la *Bacchante* est une prière qui monte vers Dieu.

L'efficacité de cette prière est assurée parce qu'elle n'est pas seulement le chant d'une sensibilité qui désire, mais la victoire progressive d'une pensée et d'une volonté qui ont accru leur puissance dans l'acceptation de dures épreuves. Cette prière est une effusion, mais cette effusion est le triomphe d'une méthode, et cette méthode est invincible puisqu'elle soutient la sûreté de l'élan par la lumière de l'ordre. En montrant l'utilité de la patience et de la collaboration des Heures, la Bacchante cesse de s'enivrer dans le bruit de ses clameurs pour se préparer à la pureté des noviciats. En signalant la nécessité d'une marche lente, sans écart ni suspens, vers les sommets, elle révèle la puissance de la discipline dans la dureté des gravissements. En prouvant la fécondité des adaptations lentes et sûres, elle déclare la force de la concentration qui lève tous les obstacles et nous conduit au cœur de l'être et à la cime des idées. En nous apprenant enfin que l'amour de Dieu est la récompense d'une vie dirigée par la mesure et embrasée par l'ardeur, elle proclame que la guérison réside dans l'harmonie des forces contraires que nous laissons s'affaiblir dans le heurt des batailles et qui se révèlent fraternelles dans les créations de la grandeur.

Mettons en lumière la suprême volonté du génie guérinien. Il dit l'union nécessaire de la mesure et de la flamme. Il chante la fraternité de Bacchus et d'Apollon. Avec le geste souverain de la création, il instaure un symbole nouveau, le plus beau et le plus rassurant des symboles : dans le mythe du déchaînement il inscrit le mythe de l'ordre.

Nous aimons à nous appuyer sur la netteté des contrastes, parce que nos ténèbres s'éclairent dans la lumière de ces décisions. Et ce besoin des contrastes traduit l'inévitable sentiment de ce dualisme qui soutient la vie de la nature et que la pensée antique avait déjà découvert. La mer avance et recule dans le mouvement alternatif de son flux et de son reflux. Le soleil descend et monte, et le jour succède à la nuit. La nature se renouvelle dans le rythme bienfaisant des forces qui se réservent et des forces qui se donnent. L'hiver qui protège le sommeil réparateur prépare le printemps qui épanouit les énergies renaissantes. La vie de l'humanité reproduit à son tour les aspects de ce permanent dualisme, car la vie de l'esprit se contracte et s'abandonne dans les mouvements successifs de la règle et de la liberté. Le goût est le triomphe de la mesure, et le génie tend toujours au démesuré. La force est la discipline, et le génie aspire à la joie des libérations. La victoire est le mouvement dans l'ordre, et le génie réclame l'effusion dans la forêt du mystère. La certitude est dans la clarté, et le génie entend le chant de sa puissance dans les murmures de l'ombre et de la nuit. Ainsi l'humanité trouve le bonheur en obéissant aux limites fixées par sa raison, mais elle rencontre la gloire en oubliant la raison prudente et en dépassant ses limites.

L'homme a traduit son besoin des contrastes dans la représentation des symboles qui se répondent comme des échos alternés. Il oppose Apollon à Bacchus, comme la sagesse au délire. L'apollinien est le rythme de l'ordre dans le calme de la splendeur. Le dionysiaque est l'expansion torrentielle dans un vent de tempête. — L'apollinien se construit dans la clarté et dans l'eurythmie. Le dionysiaque s'échappe à lui-même dans le trouble et dans le tumulte. — L'un révèle la maîtrise du décisif et la plénitude de l'achèvement. L'autre fait éclater le pathétique du mystère et la profondeur de l'inépuisable. — L'un jouit de lui-même parce qu'il se possède et se dirige. L'autre s'enivre parce qu'il s'oublie et se perd dans cette mer sans rivage.

Mais si l'observation fait surgir les contrastes, une observation plus profonde les efface sous le grand voile de l'harmonie qui retombe. La vie ne triomphe que par l'union des contraires. La mort n'est vaincue que par la force qui pacifie ces conflits. Le navire se balance sur les ondulations des flots. Une profonde sagesse jaillit de la folie des sages. Les bonds du sublime suivent un rythme assuré, et l'inspiration la plus hagarde se plie aux décisions d'une géométrie invisible.

Ces puissances qui semblent si opposées, l'homme les dresse devant lui pour appuyer sa faiblesse sur leurs énergies hostiles et qui se surveillent. Mais le génie se révèle dans sa volonté d'harmonie. Quand nous contemplons les apparitions du sublime, combien ces oppositions paraissent légères ! Contrastes lumineux et pourtant décevants ! Parallélisme fallacieux qui flatte notre goût de la symétrie !

Discordances apparentes, puisqu'elles forment le profond accord de la mélodie qui roule dans l'espace ! Le geste créateur abolit ces constructions fragiles. Les œuvres éternelles justifient leur domination en se révélant conciliatrices. La grandeur est une ardeur qui se mesure, un déchaînement qui se règle dans la loi de la volonté, un enthousiasme qui obéit à la discipline, un romantisme qui s'exprime classiquement, un classicisme qui accueille les beaux élans de l'imagination et du songe pour offrir à l'ordre et à la beauté l'énergie d'un perpétuel rafraîchissement.

C'est pourquoi les œuvres des grands maîtres sont des victoires. Dans les *Pensées* de Pascal, l'âme la plus déchirée fait entendre un chant de détresse devant les contradictions de la nature humaine, puis un chant de triomphe devant ces contradictions anéanties. Dans la joie de Beethoven retentit le cri de sa douleur domptée. Dans la sérénité du Moïse de Michel-Ange, j'admire le calme étendu soudain sur l'âme orageuse. Dans l'immobilité de la Bacchante, j'écoute le silence imposé par l'ordre au déchaînement.

Cette force et cette majesté sont tranquilles parce qu'elles ont cherché et obtenu la certitude des divines collaborations. Pascal verse des pleurs de joie quand les clartés célestes l'inondent. Beethoven entend, dans la rumeur de la nuit, la grande voix de Dieu. Michel-Ange se revêt de la puissance de ses prophètes, et Maurice de Guérin monte dans les sentiers qui mènent à la sérénité de la prière entendue.

C'est la grande leçon donnée par la Bacchante. Le rythme de la prière est le rythme de la guérison parce qu'il est le chant de l'apaisement. Il apaise parce qu'il est l'harmonie des sommets. Il est l'harmonie des sommets parce qu'il fait retentir, dans la douceur des conciliations, les ardeurs contrastées de l'âme guérinienne. Il traduit notre misère et notre grandeur, nos détresses et nos espérances. Il donne une voix à nos plaintes, et ces plaintes s'achèvent dans l'hymne qui les emporte vers la justice de Dieu. Car Dieu est la synthèse universelle, puisqu'il attire et fait triompher tous les désirs qui montent et toutes les souffrances de la noblesse.

L'extase de Maurice sous le feuillage de l'amandier contenait et déjà éprouvait les émotions de l'artiste devant la beauté, les méditations du savant devant le mystère, les certitudes du croyant dans les effusions de la foi. Cette extase de l'enfant visité par les dieux, le poète en retenait au fond de lui-même le réconfortant souvenir, comme un parfum impérissable, émané de son vallon et répandu en une inviolable espérance. Après les tourments du vagabondage, il a enfin retrouvé la douceur de ce rafraîchissement. Sa dernière œuvre réalise le plus beau songe de son enfance divine. C'est pourquoi la *Bacchante* est une magnifique symphonie qui reproduit le mouvement de la prière, accompagne jusqu'à l'extase une méthode de dilatation et fait résonner, dans un chant de victoire, le thème de la mesure et le thème de l'ardeur, le thème du repliement dans la solitude et le thème de l'expansion dans l'ivresse des sommets, sous le regard de Dieu. Le guérinisme élégiaque avait déchaîné une fièvre qui semblait mortelle : mais le guérinisme apaisé par l'amour divin apporte la force ardente et tranquille qui calme la fièvre et soutient toutes les formes de la grandeur.

Ainsi Maurice de Guérin, mort à 29 ans, a pu donner à son œuvre si brève le sceau de l'achèvement. Avec le chagrin de l'inconsolable, nous déplorons cette fin si prématurée qui anéantit tant d'espérances. Cependant, devant ces livres arrêtés, nous ressentons la satisfaction de la plénitude. Car cette œuvre est une Victoire de Samothrace, mutilée et pourtant triomphante : ses ailes se tendent dans un élan si généreux et avec une si puissante envergure, qu'en nous laissant emporter dans ce vent où passe la force, nous sommes capables de décrire la conquête que le génie médita.

TABLE DES MATIÈRES

ABBEVILLE. — IMPRIMERIE F. PAILLART